SUDOKU
스도쿠

어린이에게는 **집중력, 논리력, 추리력**을
어른에게는 **재미**와 **기억력 향상**을!!

SUDOKU
스도쿠

다온북스 편집부 엮음

다온북스
DAON BOOKS

추리력, 사고력, 지능지수를 키워 생각하는 습관을 기르다!

스도쿠 소개

스도쿠는 가로세로 각각 9개씩 총 81개의 칸으로 이루어진 정사각형의 가로줄과 세로줄 안에 1~9까지의 숫자를 한 번씩만 써서 겹치지 않도록 푸는 숫자 퍼즐 게임을 말합니다. 스도쿠는 간단한 규칙만 알면 문제를 풀 수 있고, 시간과 장소 구애 없이 누구나 쉽게 풀 수 있어 전 세계적으로 무척 인기가 많습니다.

스도쿠 장점

스도쿠를 처음 푸는 사람은 문제 풀이 과정을 어려워할 수도 있습니다. 하지만 작은 네모 칸에 숫자를 한 번씩만 넣으려고 집중하고 생각하며 직접 손으로 문제를 풀어 보면서 문제를 풀 때마다 희열을 느낄 수 있습니다. 또 끊임없이 머리를 쓰기 때문에 추리력과 사고력은 물론 IQ와 EQ 향상, 치매 예방에도

도움이 된다고 알려져 성취감과 재미, 호기심이 큰 편입니다. 스도쿠는 간단한 규칙만 알면 문제를 풀 수 있고, 시간과 장소 구애 없이 누구나 쉽게 풀 수 있어 전 세계적으로 무척 인기가 많습니다.

스도쿠 푸는 요령과 규칙

아래 그림을 보면 가로, 세로 각각 9칸씩 총 81칸의 큰 사각형이 있습니다. 이 사각형의 가로(→), 세로(↓), 3X3 사각형에 1~9까지의 숫자를 한 번씩만 써서 중복되지 않게 사각형을 채우면 됩니다.

3X3 사각형

가로

1	2	3	4	5	6	7	8	9
4	5	6					1	
7	8	9						
2								
3				7				
5			1					
6							2	
8	4		2	7				
9				5				

세로

예시로 배우는 스도쿠 푸는 법

1. 같은 숫자는 쓸 수 없다.

먼저 숫자를 한 번만 써야 한다는 문제 풀이 규칙을 생각해 보면, ⓔ②의 4라는 숫자가 들어가는 칸에는 수평이나 수직 그리고 ㄴ칸에 초록색 부분으로 칠해진 곳에 4가 들어갈 수 없습니다.

	ⓐ	ⓑ	ⓒ	ⓓ	ⓔ	ⓕ	ⓖ	ⓗ	ⓘ
①	9	4		8		2	3	5	
②		7㉠	1		4㉡		2	㉢	
③	3	2		7			9	4	1
④	8	1	4		2	3		9	5
⑤	7	5㉣			8㉤		6	㉥	
⑥			2	9		5	8	1	4
⑦	1	6	3	5	9	7	4		8
⑧		8㉦		4	㉧			㉨	
⑨	4				6		1	7	

	ⓐ	ⓑ	ⓒ	ⓓ	ⓔ	ⓕ	ⓖ	ⓗ	ⓘ
①	9	4		8		2	3	5	
②		7㉠	1		4㉡		2	㉢	
③	3	2		7			9	4	1
④	8	1	4		2	3		9	5
⑤	7	5㉣			8㉤		6	㉥	
⑥			2	9		5	8	1	4
⑦	1	6	3	5	9	7	4		8
⑧		8㉦		4	㉧			㉨	
⑨	4				6		1	7	

2. 문제에서 가장 많이 보이는 숫자를 찾자!

스도쿠 문제에서 가장 많이 보이는 숫자를 먼저 찾아봅니다. 아래 예시에는 숫자 4가 가장 많고, 4가 총 8개 있습니다.

이때 ⓕ⑤ 칸은 다른 칸의 숫자와 겹치지 않으므로 여기에 4를 넣으면 됩니다.

	ⓐ	ⓑ	ⓒ	ⓓ	ⓔ	ⓕ	ⓖ	ⓗ	ⓘ
①	9	4		8		2	3	5	
②		7㉠	1		4㉡		2	㉢	
③	3	2		7			9	4	1
④	8	1	4		2	3		9	5
⑤	7	5㉣			8㉤		6	㉥	
⑥			2	9		5	8	1	4
⑦	1	6	3	5	9	7	4		8
⑧		8㉦		4	㉧			㉨	
⑨	4				6		1	7	

3. 숫자가 가장 적게 남은 수평 칸이나 수직 칸을 찾자!

문제를 풀 때 한 줄에 들어갈 숫자를 모두 채우는 것도 중요합니다. ㉤ 칸을 보면 빈칸에 들어갈 숫자가 3개 이하입니다. 그러니 여기에 들어갈 숫자 1, 6, 7을 빈 곳에 적어 두거나 기억하는 것이 좋습니다.

	ⓐ	ⓑ	ⓒ	ⓓ	ⓔ	ⓕ	ⓖ	ⓗ	ⓘ
①	9	4		8		2	3	5	
②		7㉠	1		4㉡		2	㉢	
③	3	2		7			9	4	1
④	8	1	4		2	3		9	5
⑤	7	5㉣			8㉤	4	6	㉥	
⑥			2	9		5	8	1	4
⑦	1	6	3	5	9	7	4		8
⑧		8㉦		4	㉧			㉨	
⑨	4				6		1	7	

4. 숫자를 채울 칸의 주변을 살펴라!

ⓜ 칸 주위의 ⓛ, ⓡ, ⓑ, ⓞ 칸에서 ⓜ 칸에 빈 숫자 1, 6, 7을 모두 찾아 체크합니다.

	ⓐ	ⓑ	ⓒ	ⓓ	ⓔ	ⓕ	ⓖ	ⓗ	ⓘ
①	9	4		8		2	3	5	
②		7㉠	1		4㉡		2	㉢	
③	3	2		7			9	4	1
④	8	1	4	6	2	3		9	5
⑤	7	5㉣		1	8㉤	4	6	㉥	
⑥			2	9	7	5	8	1	4
⑦	1	6	3	5	9	7	4		8
⑧		8㉦		4	㉧			㉨	
⑨	4				6		1	7	

①,⑥,⑦

5. 채워진 숫자들을 활용하라!

ⓓ③ 칸의 7로 인해 ⓓ의 빈칸에는 7이 들어갈 수 없습니다.

그래서 ⓔ⑥ 칸에 7이, ⓓ⑤ 칸에는 ⑤줄 선상에 있는 7과 6으로 인해 1, ⓓ④ 칸에는 남은 숫자 6이 들어갑니다.

	ⓐ	ⓑ	ⓒ	ⓓ	ⓔ	ⓕ	ⓖ	ⓗ	ⓘ
①	9	4		8		2	3	5	
②		7㉠	1		4㉡		2	㉢	
③	3	2		7			9	4	1
④	8	1	4	6	2	3		9	5
⑤	7	5㉣		1	8㉤	4	6	㉥	
⑥			2	9	7	5	8	1	4
⑦	1	6	3	5	9	7	4		8
⑧		8㉦		4	㉧			㉨	
⑨	4				6		1	7	

①,⑥,⑦

6. 한 칸이 남으면 나머지 숫자로 채우자.

문제를 풀다 보면 수평, 수직 줄 중 하나의 빈칸이 남는 경우가 생깁니다. 이럴 때는 전체 숫자 중 비어있는 숫자를 찾아 채우면 됩니다. ④ 수평줄의 빈 숫자인 7을 ⓖ⑥에 넣습니다.

	ⓐ	ⓑ	ⓒ	ⓓ	ⓔ	ⓕ	ⓖ	ⓗ	ⓘ
①	9	4		8		2	3	5	
②		7㉠	1		4㉡		2	㉢	
③	3	2		7			9	4	1
④	8	1	4	6	2	3		9	5
⑤	7	5㉣		1	8㉤	4	6	㉥	
⑥			2	9	7	5	8	1	4
⑦	1	6	3	5	9	7	4		8
⑧		8㉦		4	㉧			㉨	
⑨	4				6		1	7	

①,⑥,⑦

7. 2칸이나 4칸이 남으면 들어갈 만한 가능성이 있는 숫자를 적자!

2칸이나 4칸이 수평, 수직 줄 그리고 박스 안에 남으면, 일단 남아 있는 숫자를 작게 적어 넣습니다. ⓓ 수직 줄의 ③, ⑨번의 빈칸에는 2, 3 숫자를

	ⓐ	ⓑ	ⓒ	ⓓ	ⓔ	ⓕ	ⓖ	ⓗ	ⓘ
①	9	4		8		2	3	5	
②		7㉠	1	②③	4㉡		2	㉢	
③	3	2		7			9	4	1
④	8	1	4	6	2	3		9	5
⑤	7	5㉣		1	8㉤	4	6	㉥	
⑥			2	9	7	5	8	1	4
⑦	1	6	3	5	9	7	4		8
⑧		8㉦		4	㉧			㉨	
⑨	4			②③	6		1	7	

①,⑥,⑦

작게 적습니다. 빈칸이 많을수록 많은 숫자를 넣습니다.

8. 주변 숫자들을 찾아 작은 숫자와 겹치는 수를 지우자!

ⓓ②의 ㉡ 칸에 숫자 2가 있으므로 ⓓ②는 3번, ⓓ⑨에는 2번이 들어가게 됩니다.

따라서 작은 숫자와 겹치는 수를 지워 정확한 숫자를 넣을 수 있습니다.

	ⓐ	ⓑ	ⓒ	ⓓ	ⓔ	ⓕ	ⓖ	ⓗ	ⓘ
①	9	4		8		2	3	5	
②		7㉠	1	3	4㉡		2	㉢	
③	3	2		7			9	4	1
④	8	1	4	6	2	3	7	9	5
⑤	7	5㉣		1	8㉤	4	6	㉥	
⑥			2	9	7	5	8	1	4
⑦	1	6	3	5	9	7	4		8
⑧		8㉦		4	㉧			㉨	
⑨	4			2	6		1	7	

9. 앞에 나온 방법들을 반복한다.

앞에서 설명한 방법들을 조합해 빈칸의 수평이나 수직에서 겹치는 숫자들을 관찰하거나 발견한 힌트를 차례대로 풉니다.

001

DATE. ______________ TIME. ______________

		8			2	7	4	
4	7	9	3	8		6	2	
2	1	6		5		9		
	9	3	2		6			
8	5	7						3
						1		7
	6	4			8		1	
3			1		9			
	8	1				4	5	

002

DATE. ____________ TIME. ____________

	9						7	8
1	8				6	4	2	9
4		2	7		9		1	5
	7	5		2				4
		1	4	9				
		8				5	6	
			1		4			
6		9	8			7		
7		4				2		

003

DATE. ____________ TIME. ____________

	5		6	7				
2	8	6		1		9		
3					9	2		
	9	4			6	7		5
	6			8	1			
7		1	5					3
			4	6			2	
	4	2		5			8	7
	3	8	9				4	

004

DATE. ____________ TIME. ____________

1	8	9		2			7	
	7			8	1			
5	3		7		6		4	
2	1					6		
				3	7			9
				4	2		8	
6		4				3		
	5			6	3	1		2
			9		5			8

005

DATE. ______________ TIME. ______________

8				9				7
				2	5		1	
		2	1				9	3
	5				4	9		
1	2			7			8	
4		7	3	1		6		
7		3	8					
	9		6		1			
		8				5	4	2

006

DATE. ____________ TIME. ____________

9		7	5		4	3		
				6		2		
4		2	7	3	8	5		
	4			8	3	1		
7	3			1	2			4
		1				8	6	
5				7		6	9	8
1		9	2					
		6	8		5		2	

007

DATE. ____________ TIME. ____________

		3	9	7				1
4			3		8			6
6	8	9	1				5	
			6	8	3			7
3	1		4			2		
		4		1			9	8
1	5		7			6		4
				6	2			
	3					5	7	2

008

DATE. ____________ TIME. ____________

	4	9	7	6	5			
		6	1			3		
7						9	4	
				8		7	2	1
	6			4				3
2	7		9				8	4
				3		4	7	
5					2		6	
9	8		5		6	1		

009

DATE. ______________ TIME. ______________

5		1	3			4		
		8	1		7			9
9	6							5
1		4					9	6
8	9	2		6		7		
7				8				4
	2	5						1
	8				3		2	7
		7	4		5		3	

010

DATE. ______________ TIME. ______________

		4	9		3		2	
3			6	7	5	4	8	
	5	9	4				6	
	7		2			1		5
	6	5						2
2				8	7		3	
				6	4			3
9			1		2	7	4	
1		8			9		5	

011

DATE. ______________ TIME. ______________

							9	4
1	8	9	2		7			5
	6			3	5			2
		1			8		2	
8		5		1	9			
	9	7	4		2		3	1
			1	8		6		
4		8	5					7
5			7	2	3	9		

012

DATE. ____________ TIME. ____________

7	3		1		9		2	
2			3				9	4
9	5	4						
1		9	6		8			2
				7	4			
		6		5		3	7	8
		2				4		
		5		6	7			
8	4		5		2	9	3	

013

DATE. ______________ TIME. ______________

	5	6		4		9	1	2
		3				7	4	
		4	9	2		8		
9			6			4	3	
6			2	3				8
4		8			1		5	6
			1			5	8	4
1		2			3			
5	8	7			9	3		

014

DATE. ____________ TIME. ____________

9	6				7		5	
3	8		2	1		9		6
		5		6	8			3
	5				1	6		
		2		7		1		
4				3		5	7	9
					4			5
	7				9	3	2	1
6	2	8					9	

015

DATE. ____________ TIME. ____________

8						6	3	
	4				9			
3	2	5	4			8	7	9
1							4	8
9	6		5	1	8			
5	3		2	4	7	9		
			6	5				2
		9	8	7				5
2		6	1	9				

016

DATE. ____________ TIME. ____________

		6			5	1	4	2
2	5			1			3	
3		1		6	7	5	8	
4	1		7					
			4	2	8	3		
5					9	6	7	
6		9					2	3
			8		2			
8				7	3		5	

017

DATE. ____________ TIME. ____________

	9	6				2		3
1	2				6	5		
			5		1			
							7	1
4	3	2	6					
			3	8				4
7		4			8			
			4	5			6	
	1	3		9	2		8	5

018

DATE. ______________ TIME. ______________

	8				4	2		1
2				7	6			
6		1						9
	6			2			8	
9		8	5	4	3			2
	5		7				3	
7	1	9		5	2			
4					9	7		6
				3		1		5

019

DATE. ____________ TIME. ____________

				3	4	2	6	
	3		8	7	5		4	
5	1							
		9			3			
	4	3	9		2	8		6
6		7			1		5	9
			2	1		6		
9						5		7
4	7				6			8

020

DATE. ____________ TIME. ____________

	8				5		7	6
				3	9			8
	4	5			1	3		
8	5	7		4	6		1	
					8	4	9	
2				1	7			
	2	9	7	6		8		
	3		5					4
	6	8			3	7	5	2

021

DATE. ______________ TIME. ______________

		3	4			2	7	
		7		9				
		2	6			5	3	1
	3	5				8		2
6	9				4	3		
	2			3	1	6		5
		1	7			9	2	6
4	8				9			
	7		5	6				4

022

DATE. ____________ TIME. ____________

8	7			1	9		3	4
	5			3		8		7
	2	3				1	9	
			8	2		6	5	
			7	4				2
1	3							
5	1			6			2	
		9	1	8	2			6
				9	5	3	8	

023

DATE. ____________ TIME. ____________

4	5		2		9			7
9	3		6					
2	6	1				5		3
3	8	6	5	2				
				4		7	6	
7	2		9	1			8	
5		3	4					
		9		7	3			1
8			1		5	9		

024

DATE. ____________ TIME. ____________

6			8		3		9	
9		7		1				
1					5		2	6
7		8	4		9			
3			1	8		7		
	1	2				3		
	3	4		5				1
	9		3			8	4	2
					6		5	

025

DATE. ____________ TIME. ____________

3					7			
	1					2		4
8				4	2	5	9	
	2	9		6			3	
4		7	3	8	1	6		
	3			9			1	5
	8		6			3		
			4			8		2
2	6		5	1				

026

DATE. ____________ TIME. ____________

1				4		7	2	
				1			8	5
4	8	2	5		3	1		
7		3	4	8	6			
	1							7
		6		3				8
2					7	9	6	
	4			6	8	3		
	5		3					2

027

DATE. ____________ TIME. ____________

9			1		8	2	5	
			2	3		6	1	
7			9			3		
3		9		7				8
		6	3	1				
2		4			5			
			5			1	4	
	3			6	4			
	4	5				7	2	

028

DATE. ______________ TIME. ______________

	7		1		9	2		
	8			6	2	4	7	9
	6		4	5				
					3	8	2	6
				1				7
3		9			8			
		6	5	3	4			
8	1					3	5	2
5		7	8				9	

029

DATE. ______________ TIME. ______________

	3	6	9	7	2			
		2			4		7	
4							5	
				6		8		3
	5	9	3	1			4	
	1			4				
						7		8
	9	3				1	2	
		4	7	9		6		5

030

DATE. ____________ TIME. ____________

	6	4	8		7			
						2		6
2	3	8			5			
1	9					3		
			1		6	9	5	
3						6		4
	8	3		6				9
	1			4	2		6	3
		5		8			4	

031

DATE. ______________ TIME. ______________

			6		8			1
9	6	8	7	1				
	7	4						9
4				7				
							1	3
		9		5	6		2	7
			8		2			
	1					3	5	6
6	4	7				9		

032

DATE. ____________ TIME. ____________

			1				7	
2		6	7		9			
1			6				4	5
6	9	5					8	1
	8					9	5	7
	4			8				
						7		2
9		8			7	5		
4		7		2	6			3

033

DATE. ____________ TIME. ____________

			2			3	8	
8	2	5	7					4
3	9	6		1			2	
	8					6	4	9
2	7							
			3		9			
							6	2
5				4		1	3	
7				5	1			

034

DATE. ____________ TIME. ____________

	1	4	2		9			
						3	2	
9							6	1
4	8			1	6			
						5	3	
6				9	2			
		3		8				7
8	6	2					4	
			4		5			3

035

DATE. ____________ TIME. ____________

						7	5	4
3			5	9				8
2	7			4				
5	2		8				9	
6	9						7	2
			3				6	
		9	7			2		
				3	5			9
		8			2	5		

036

DATE. ______________ TIME. ______________

				3	8	4		
	4	7						
	8			9	4	6	1	
			5		9		7	
	6	2		7			8	
		9	2				3	
	1			6				
4				2		5		
5						8	2	9

037

DATE. ____________ TIME. ____________

	8		1	4				6
	9	1	6				5	
	5		3				4	7
3							9	4
2								
			9	7	1			8
			8	3		6	7	5
					2			
	6	5				3		

038

DATE. ______________ TIME. ______________

2			6		5	9		
		9		8			4	2
5				9	4			
	2		7					5
	7	8					1	4
	4		1		2		3	
		2			3	8	7	6
	5		8	1				9
		6				4		

039

DATE. ______________ TIME. ______________

7		2				4	6	
	6			4	7		1	
		1			5	3		
			2			9	4	
	9	6						
	7	3	1		9		2	
5		4				1		9
6					3			4
	1			5		2	3	

040

DATE. ____________ TIME. ____________

		8	7			2		3
4	9		3					5
		2					9	
		4	9				7	
				4	6	8		
3	2				7			
				5		7	6	
9		3						1
2				6	9		4	8

041

DATE. ____________ TIME. ____________

					8	2	9	4
		5			2			
			4		3		5	
3		6	1		5			8
	2						4	
	7	8				5	3	2
				7		6		
9			2	8				
2		4		9		3		

042

DATE. ____________ TIME. ____________

5				9	7			
			8			2	7	4
	3	8				1	9	
4						8		
	7	3	6		1		5	
2					9	4	6	
				1			4	9
			7	6	2			1
1	6			3				8

043

DATE. ____________ TIME. ____________

	1				2			
		5				6	4	
	3	8			5			7
9		1		7				
				4		3	2	
5		3					6	9
		2			4			
			7		3		9	2
6		9	2				5	3

044

DATE. ______________ TIME. ______________

	9				4			3
3		8			6			5
	6			2	7			
		1		7	2			
	3	5				4	7	9
		9				8	1	
			8			2		
7		3					8	
				4	3	9		

045

DATE. ________________ TIME. ________________

				6	4	5		
5				8			3	
7						6	9	
			4			2		9
		2		5		3		7
			9		2	4	8	
	3			9	8		6	1
	9		6					
	2	6	1	3				

046

DATE. ________________ TIME. ________________

				3			9	
8							6	4
5	7	9					1	
6	5		2				8	
	8	2	1					
			4					9
2	1				6			
4			5		2	7		
					7	1	4	

047

DATE. ____________ TIME. ____________

	2				7		9	
3	7		2		9			
							4	
			7	6			2	
		1				5	8	4
		8	1	5		6		
1		7				4	6	9
5					3		1	2
	8		6	4				

048

DATE. ____________________ TIME. ____________________

			8		3			4
	6	7						
			1				7	5
2	4		9	3				
9	7	6		2			5	8
1			6		7	4	9	
					4	7		
			5		2	9	4	
	9	8						

049

DATE. ______________ TIME. ______________

8	6				7		9	
	5		2		1		4	
	7						3	2
		5		8			2	1
				1	3			6
4	9		6					
			8	7		2		
9		8				5		
7			4	3				

050

DATE. ____________ TIME. ____________

2			9				5	
						6		9
4			8					1
				8	5	9		6
5		6	1				2	
		2			7	8	4	
				1	3			
	4			7		3		8
	7	5	4				6	

051

DATE. ____________ TIME. ____________

8					2	4	9	
5			1				8	3
6					4			
						9	6	
3	6	7		4				
9	8	2	7	1				
	5					3		6
			3	7				
1		9	6		8	7		2

052

DATE. ____________ TIME. ____________

7								
			4	2	8		5	
3						2	6	
	1	6						
			5	8		4	3	6
				9		5		7
		1			5	8		4
			3		4		2	
4	2						7	1

053

DATE. ______________ TIME. ______________

			3	1	4			5
		7						
		5		6			4	3
	2			3				
3		8	9	5		7		1
	6	1			2	9		
			2		7	6	1	4
8		2						
6	7				1			

054

DATE. ______________ TIME. ______________

3					2	4	7	5
	8				5			9
7	6				4			
1		3				5		
		6		9				
2				5		3	8	
	2					8	1	3
6	4		2					
			1	7		2		4

055

DATE. ____________ TIME. ____________

8	7			1				
				7	6			8
1			5	4				6
4						8		1
6						4	5	
			2	5				
9		3	6			2	1	5
		1			3		6	
7		2	1			3		4

056

DATE. ______________ TIME. ______________

	9						1	7
		3	7		8	5		4
	5			6	4		9	
			6		7			
						3	4	1
1		5	2					
		8		7				
					2	9		5
5	4	7		3	6			2

057

DATE. ____________ TIME. ____________

						5	6	
6	5	4			1	8		
	7	1		2				3
9	1						4	5
				8		3		
	3			5		7	8	6
	2		4		3			
3		7	6		5	1		
						6		7

058

DATE. ____________ TIME. ____________

						6		5
7	2				5			
		3		2	1			
	3	9	8	5				
		1	7		4	2		
			1			3	8	6
		2			8	1	3	
3				7				
5	6					9		

059

DATE. ____________ TIME. ____________

1				6			7	4
	8	5	9			2		3
	4		8	2				
			1			4		9
3							8	1
9	2		5					
					6	1		
4				8	3	6		7
8	5	6						

060

DATE. ______________ TIME. ______________

3	1					4	5	
8				5	6			7
				7		1		9
9					2		6	
6	3		8			5		
			7		4		2	
			2			6		5
				4	1	3		
1	6	8						

061

DATE. ____________ TIME. ____________

2		4	1					5
5			4			1		3
				8	7			
	6	2			4			
	4	5			1	7		2
		7		3		8		
1							5	
	8		6				9	1
	5		3				6	7

062

DATE. ______________ TIME. ______________

			5			9	3	
	7		2		1			
3		8			7			
1						8		6
8			4					
	2	4	3	6				5
		3		4			1	
4	8	7					6	
9	6						5	3

063

DATE. ________________ TIME. ________________

				7		8	2	
				5	4	7		
	8	5		3	9			1
	4				5	6	8	7
					2	9	5	
	9		7		8	1		
2								4
			9		1			
3	1	6					9	

064

DATE. ____________ TIME. ____________

	5	1						
			8				6	3
3			9		2	7	8	
1					8	6		5
7				2				
4		5		7				8
				3	4	2		6
		2	6		9			
	3				5	9		4

065

DATE. ____________ TIME. ____________

						7	2	3
	2			6			4	
	4			9				6
8	1	5	2					9
			7		1			
6				3			5	2
2	3	9						4
	6	7	1					5
		8			3	6		

066

DATE. ________________ TIME. ________________

9		7			5			
8						9	2	
3	5			9		4		
	2	1		3				
				4			5	6
		4	9	6		2		7
2	6	5		8				
	3		7				8	
	7		1	5	3			

067

DATE. ____________ TIME. ____________

	6			5	8		1	
3	7				6			8
	8		1					9
		7	6			2		
	1		4	3		6		
5				7			3	
6		3				8	2	
		9				5	7	
	2			6	1			

068

DATE. ____________ TIME. ____________

		6			3			2
4		1	6					8
3				8				5
		4	1		6			
7						3	4	
	6				2	7		
	9					2	1	4
	7						9	
			8		1			

069

DATE. ______________ TIME. ______________

4						9		
2				8		1	3	
			1	5		8		6
5	7	9			3	6	8	
1	4						7	
6			9		4			
3	9	5					2	
			8	2				
		1						5

070

DATE. ________________ TIME. ________________

		9	6		5		8	
	4	3						
	5				4	1	9	7
			9			2		6
7		4		1				
9			3	6				
		6	4			7	1	9
	3	1	2					
					6		5	

071

DATE. ____________ TIME. ____________

2	9		5					
4		3	6		8			9
			9			5		4
				7	3			
8				9	6	3	4	1
9							8	
5		1					3	8
		7		2	4	1		
						7		6

072

DATE. ____________ TIME. ____________

	6			3	7		8	
				5		2	4	
1	9	2						
	4			1	6		5	
2	7						6	
						9	3	1
		6	5					
7		5					9	8
	3		1		8			7

073

DATE. ____________ TIME. ____________

	2	3						1
4	6	7					5	
			2		4			8
5		6		9	2	7		
		2	6	7		9		
1						8		
7				2	1			
		5					3	4
2		4	3	5				

074

DATE. ____________ TIME. ____________

		4		8			1	
8		9		3		7		2
	5		1	7	9		4	
	6		9		3	1		
1	2		6					
			8			2		5
		3				9		
6	7				5		3	8
				6	4			

075

DATE. ____________ TIME. ____________

1	7		2					
8	2			3				
5						6	1	
	8				9	4		
3				7	4	2		9
9		7				8	5	
				6	7		2	
		5					3	4
		3		9		7		

076

DATE. ______________ TIME. ______________

4		1			3			
		6				8		7
9				5		1	4	
	9			1			5	
8		3					1	6
	6		4	9			3	2
			5	4				9
2							7	
3						5	2	1

077

DATE. ______________ TIME. ______________

7	5	3	1					
4			7	3		1		9
			4		8			
			3	1		9		7
5	1			2		3	6	
2				7				
		5						
	9					2	1	8
	2		9	4	3			

078

DATE. ____________ TIME. ____________

8		3			4			
						6	5	
		2		1		8		
3	4						9	
		7		2				3
	1	5	4					6
		8	6					
	6		5	9	3	4	2	
4		9	2			1		

079

DATE. ______________ TIME. ______________

			3	1	8	4		
			9			6		5
1	7							
						9	3	6
6			5	4	1			
7	8					1		
		9	7		6	8	2	3
		5						9
					2		6	

080

DATE. ____________ TIME. ____________

		7			1			5
			8		6			3
			3	9				8
5	4	9				1		2
	3					4		
			6		5			
1				7				
					8	9	2	
6	2	4	5	3				

081

DATE. ____________ TIME. ____________

8	4					6	3	9
1				9	5			
		2				8		
		1				5	8	7
			4	3	1			
		6				1		
5	2				3			
			1				6	4
		7	2	4				8

082

DATE. ________________ TIME. ________________

9		7				5		
		6	4	7				
			6			2		9
6								8
	9	5			1	3		4
			3	9	8	7		
	3						8	
	8			5		6	1	
1			2		7			

083

DATE. ________________ TIME. ________________

						8		1
	5		3					
	7	3	6					2
4				9	2			
9			7				5	
2	1		8	4		6		9
	9	6						
5			2	3	9	4		7
		4			5		8	

084

DATE. ____________ TIME. ____________

		2				8		
		5	9		8			
8		4	5			6		
5	9	7						6
						7		3
	6	8		4	2			5
4		6			9		1	
	8			1			2	
		3	2	7	4			

085

DATE. ______________ TIME. ______________

	6	9	8					
			4	1	9			
		7		5		1		3
2	1			8		7		9
8	7	6	5		3			
						3		6
			9		2		7	
7	4							
					8		2	5

086

DATE. ____________ TIME. ____________

4		2			7		9	5
		1				6		
5				8	3		4	
8	1		5				3	
							8	2
	5	4					7	6
3				1	4		6	
				5		9		7
		9	6	7	8			4

087

DATE. ____________ TIME. ____________

7			4	9		6		
			3	5				1
		6			1			
6	7		9	8			2	
1	3				7	9	4	
5	2			6			3	7
				1	8			
8						4	7	9
2	5							

088

DATE. ______________ TIME. ______________

	4		1	3			8	
		2						
	3		8	7			1	5
9	6				5	3		
3					9		4	8
				2		6		7
1						9		4
5	8						3	
			4	5	1			

089

DATE. ____________ TIME. ____________

	6	4					3	
		8		6			2	9
			1	7				4
	8	3			1		7	
						9	1	6
	1		5		4	3		
					2			
7			9	8	5	6		1
8	5							7

090

DATE. ____________ TIME. ____________

	8	1				5		7
3				6			1	2
	5			4				
1				8			3	
						8	5	6
			7		9			
5			2				6	1
4		9		3	8			
2	3		5					

091

DATE. ____________ TIME. ____________

		8	6		7		1	5
	4	1						3
		3	1			7	8	
	3			4	6			
9		7				5		
8						1	9	6
	1	2						8
			3	8				
				9			7	2

092

DATE. ____________ TIME. ____________

	5	8		6	4			
4	9						6	
3						9	2	
						1		
6	3	5	7					
1	4	9	5	8	2	3		
5	1		2		9			8
								7
9	2			3	6	5		

093

DATE. ____________ TIME. ____________

				4	9	6	3	
							1	
3	2	7					4	
4				5			7	
	3					1	9	
	8	1		9	6	2		
	7	2						
			8					5
	9	4	2				8	3

094

DATE. ____________ TIME. ____________

7		8			9			
		6	8				7	5
	1		6		4	9		8
		4		2		8	5	6
				3			9	
8	2	9				3		
							4	1
	9				5			3
1	5	3		6	2			

095

DATE. ________________ TIME. ________________

	1	6	2				7	3
		3	6			8	5	
				9	5			
4						1		6
			7		2			
9		2			8		3	5
						6		8
7	3		1	4				
	4							

096

DATE. ________________ TIME. ________________

4	7	5	1					
8	2		4			7		6
						5		3
5			8		2	1		
		2		1		8	6	9
3		1						
	6	8		5			7	
1	3			6				
		7					2	4

097

DATE. ____________ TIME. ____________

						9		4
9			3	5			8	
3		1	2			5		
	5					6		1
	6	7					2	
		2		4	8			
		8				2		
		6		7	1			
5	1			8		3	6	

098

DATE. ______________ TIME. ______________

	4		3	1			5	
	6							8
		3		6				1
9		7	2		4		8	
5					9		4	
	3				6		9	7
			5	7		3		
4	5	1						
				9		2		

099

DATE. ____________ TIME. ____________

4	3	6				1		
	5					6	9	
			3	2				
3						2	6	
		7		9	4	8		
		2			7	5		
			5	7				
	9						2	8
7	8			1				6

100

DATE. ____________ TIME. ____________

3	2							
			5				4	3
			4	6		2	7	
	6				1	5		
1			3	5		7		
	4	3	9					
2		7			8	3	5	9
		6						
	9				2			8

101

DATE. ____________ TIME. ____________

		1				4	6	
		8	9		6	1		
7						9	5	8
				5	2			
4		2				7	3	
5			6	3			8	
	9		5	2				
	1					5		4
				8				7

102

DATE. ______________ TIME. ______________

	8			7			2	1
6				1		9	7	
4								
	1		5			3	6	2
	9		8					
3			4			7		9
5		8		6		4	1	3
	3				5			
7		9						

103

DATE. ________________ TIME. ________________

			5	6	9			
		2						8
1	5	9						7
				5	1			
		7			6			3
9	8		3			1	2	
8	6		2		4			
	9		6			2		
		4				5	7	

104

DATE. ____________ TIME. ____________

	8	6		2		7		
2		7	3		9			
1	3					8		
	6	1						
						2	7	5
		2	5	4	3	6		
9		8			1			
				9	7		6	
					2		3	7

105

DATE. ________________ TIME. ________________

			2			8		
4	6		9			7		
1			6	8		4		
			7				8	1
2		1	4	3	5		6	7
3	9				8			
				7				3
		5		4	1	6	9	
		4						2

106

DATE. ____________ TIME. ____________

2		5		1				
						7		4
	9	1		6		3		
		6	8	9	4			1
				2			6	3
1	2	4			7			
							8	6
	7				1	9		
	3	9	2					

107

DATE. ____________________ TIME. ____________________

			1	4			5	8
				5			9	2
8		4		9				
	2				7	5		1
	7	3	9					
					1	9		6
			8	3	6			5
4						1		
6	3	2						9

108

DATE. ____________ TIME. ____________

				5				
		2	6		7		4	1
3		7		4				
		9				2		
6	1	5	9					7
						3	5	
9				7	4		2	
2		3		1	8	6		
4					6	7	3	8

109

DATE. ________________ TIME. ________________

		5	8		9	3		
6					4			
						7	9	4
	5			2		1		3
7	3	6					4	
	2		5	7				
		9					3	
			2		8	9		
	4	1					8	2

110

DATE. ________________ TIME. ________________

7			5					9
	9	3		2	1		4	
	4	5		7	3		2	
2			4		8	6		
1						4		
9	3				2			
			8		6			
	2				9	1	5	
3	6	1		4	5			7

111

DATE. ________________ TIME. ________________

2						3	6	
7			6				2	
			4	1				
	2	1			4			5
	5				9			4
			2		3	1		
8	9	4	7					
1		6		8	5			
						6	7	

112

DATE. ____________ TIME. ____________

9		4		5	7	2		
	2	6						
	3	7			4	9		
4			5					
8			1				3	4
6	7		9					8
				3			1	
				8			4	2
	6	9					5	

113

DATE. ____________ TIME. ____________

				4		8		
			8			6	5	
		4		6			3	
1	9	5	2		6			3
4			9	8				
3	8			5		7		2
9	3					1		
2					7	3	6	
6			5		1	9		7

114

DATE. ________________ TIME. ________________

				1	7			4
	3					2	5	
	8	2						6
					1		3	9
		5	4	8				
3			5	7				
			7	4	8			
5							9	3
4	2	6					1	

115

DATE. ____________ TIME. ____________

						2	8	9
4		3				1		
	7		2					5
		2	6			9	4	
9	1	7	4	2				6
	4		1		8			
			8			5		2
7	9		3			6		
2	6			1	5	3		

116

DATE. ____________ TIME. ____________

1	8	4	2			3	7	
					5			
	6				7	4	9	2
2			3					
		9					3	6
5			9	7				1
	1	8			9			3
	9			1	2		4	
			6	4			8	

117

DATE. ____________ TIME. ____________

2			5			7		3
	4		8		1		2	
5	7			3				
7			9		5		1	
	9			1			6	
		8		4				
	1			9		4		2
		5				8		
			7		8	3		

118

DATE. ____________ TIME. ____________

		5			8		1	
2					3	6	8	
		7					2	
			2	7			4	6
	4	1					7	
				6		1		5
		2	9					8
9	1	8		3			6	
5			4			3		1

119

DATE. ____________ TIME. ____________

	2							
	9			1	8	4		7
		3		6	7			5
	1	4		7		8		
	6			8	2	5		
		2				3	4	9
9	3							
7			6					
		8		4		1	3	

120

DATE. ____________ TIME. ____________

		5		1	3			9
8		2		4				
			2	7				1
4		6		3		7		
3			5		8			
						6	5	
	9					4		6
	7		4				1	
	4				6	5	3	

121

DATE. ________________ TIME. ________________

4	9							
			1	8				7
				7		6	5	3
7	3					2		5
	5							9
2	8		4	3				
	1		7	4			8	
		6			1		7	
		5	3		6		1	

122

DATE. ________________ TIME. ________________

			8	2				7
	9						8	
	6	4		7	1			
		1				5		8
6		7				9		
		5	4	6	3			
5		6	1		9	2		
3					7		5	
2		9				8	4	1

123

DATE. ____________ TIME. ____________

			8			7		
1	6				3		9	2
4		2						1
9	5	7	1			8	4	
				5	6	9		
		1				2		
3	4				7	6	5	
	2						3	
				6	8			

124

DATE. ____________ TIME. ____________

			7			9		
	6	7	3					8
1	8					3		2
	7					2	9	
		3	4	7			1	
			2	5	8	6		
2						1		
		1		6	5			
7		8		3		4		

125

DATE. ____________ TIME. ____________

	3	9			2	1	6	
2		1	6			3		
5					4			
4	2	3						1
6			1				7	
			5		3			9
			7	6	9			
	8	2						
						4	9	5

126

DATE. ____________ TIME. ____________

1	3	8						
4			9	1				8
						1	7	5
6		1	2		8		3	7
9	2				4		6	
	7	3	1					2
			6			7		3
			7	9	1	6	5	
		4				2		

127

DATE. ______________ TIME. ______________

		9	1		8	6		4
		5	4		9			1
4				5				9
			7	1		4		
	6		3	8				
2	8						6	
9	4		8	7		3	2	
		2	5			7		6
7		1	2					8

128

DATE. ____________ TIME. ____________

		3		4	8	9	2	
2	6						5	
8	9				7		4	
			8	3		1		
7	4	8						
			6		9	5		4
	3	9						5
6			3	2				
	1			9	6			8

129

DATE. ____________ TIME. ____________

7			8	1				
	4	9				5		
	3						2	
				4	6			
2			9			8		6
	5				2		3	
6		4			8			
8			5		9	2		
			4			9	7	8

130

DATE. ______________ TIME. ______________

		4			8			7
2		3			9			
			1		3			6
		9				1		
1	5		9			2	8	
			4		6			
	6		7	2			4	
	7			9				
		5					9	8

131

DATE. ____________ TIME. ____________

1				4	8			
7								
						1	2	6
	4	5	9					
			3		2			8
		2	1			6		9
4	1	9	5	2				
				1	3	2		
						4	5	

132

DATE. ______________ TIME. ______________

		2		3	7			8
					8			5
3	6							
2				5	3			
8	1							
						7	9	3
9		7	8					
1							2	
			9	7		6		

133

DATE. ____________ TIME. ____________

	1		5		4			7
4						8		5
	6			9	1		3	
	2						5	3
		5	9					
7	3		2					
		7					6	8
8				3		4		
3				1	7			

134

DATE. ____________ TIME. ____________

5			4				6	
4		3			2			
		7			3			
3		9				6		7
			9	8				
2							4	
	2			1	8	9		
	6	1				5		8
				9		7		6

135

DATE. ______________ TIME. ______________

5						4		
3			8	1				
	7			2		3		1
4	2							
				5	6		7	
			4		7		9	
		8						2
7	5	9						
			6		9			3

136

DATE. ____________ TIME. ____________

		9				4	3	
				5			6	
	5	4	8			2	9	
								1
	7	8	4		2			
	4		5	6				
3	6					5		
7							2	3
					8			

137

DATE. ____________ TIME. ____________

		1		7	4			
							9	1
4	2			3	9			6
	4	2				7		
7						9		
5				6	1			
						2	4	9
			8				5	
6		7		2				

138

DATE. ____________ TIME. ____________

		3	2					
	5	4	3					2
			5				6	3
4		1			9			8
				7	1			
						9	5	
9	2					6		
					3	8	9	
3				4		2		

139

DATE. ____________ TIME. ____________

					9	7	8	4
					2		3	
	5	4						
8	9				7			
			9	6		3		
					4		2	
	4	3						9
9				5		6		
		7	3		6			

140

DATE. ____________ TIME. ____________

					2	8		7
		7			8	9		
	1	5						
			6	7				
1							4	2
4	7			2				
	6				9		1	
	2	9						5
			7	4			6	

141

DATE. ____________ TIME. ____________

		3	2	9			1	
9			6					
8				4		6		
					3		2	7
				2				9
4	9							
	7		5		8			
	5	9						
		8		7			3	2

142

DATE. ____________ TIME. ____________

	3	9						
				3		4		
8			2			9	7	
							8	2
			5	2	1			
6	7							
				5	4			7
2		6	8		9			
9							4	8

143

DATE. ____________ TIME. ____________

	3							8
			6				3	
	9				8	4		2
			4	9		5		
				5		2		
8								1
5						1	4	
		7		4	6			
		8	3		2			6

144

DATE. ____________ TIME. ____________

	6	1			5			7
			9	2			5	
	9						8	
			5	4		7		
	5		1	9		4		
		3						
2								8
		5			7			1
8					2		7	9

145

DATE. ____________ TIME. ____________

		2	4	6				
9				7			6	
		1				5		
	9					3	4	
8							9	7
	7		6	3				
4					2			6
	1				6	7		4
2	6	9			8			

146

DATE. ____________ TIME. ____________

				5	6			
	3	9				5		
							1	8
3	9	7						
2			9					1
6		1					2	
	2				1	3	8	
	5			9		6		
		4		6	3			

147

DATE. ________________ TIME. ________________

	7	3		5			9	
						8	6	
	1		7			3		
6						1		9
			3	7				2
		4		2				
						6	5	
9					2			3
4					1			

148

DATE. ____________ TIME. ____________

					3			8
			2	7	6			4
6	1							
9			5			6		
3		5			7			
			6			9	2	
		2				5	7	
	7	6					8	
				4	9			

149

DATE. ______________ TIME. ______________

		7		5		2		
6	1	8			2	5		
5					3			8
			4	2	9			
							8	
	3	2						7
	8					6		5
		1	7		6			
		3	1					

150

DATE. ____________ TIME. ____________

8		7						
		9		8		2		
				1		6		8
5			2		8			1
					6	8	4	9
			9		4			
							9	2
	4				5			
7	2		4				5	

151

DATE. ____________ TIME. ____________

						1		
9	6							5
				1	3			4
	5				2			6
					1	2	4	
4	7						9	
5		6	9	3				
							5	
		4	6				2	9

152

DATE. ____________ TIME. ____________

							6	5
	4		3					
9	2	6	8				4	
8		4						
				7		6		
		7		6	4	9		
							8	2
					7	5		
2		8						9

153

DATE. ____________ TIME. ____________

7				4		5	2	
8			5	9	6			
			1				9	
	1		9					
	6			5		2		
				2			8	9
				6		4		3
5		7				6		
		4			8			

154

DATE. ________________ TIME. ________________

	6					5	7	
					1			9
	9	2					6	
			1			4	5	3
8			9					
5			2					
		4		6		9		
				3	7			1
		6						8

155

DATE. ______________ TIME. ______________

9						7		
				5	9			
2						1		8
	7					8	4	9
		9	6				3	
	1		8				7	
		1			6	9		
			7	2	5			
	5	6		3				7

156

DATE. ____________ TIME. ____________

				3	2	8		
					8	4		
3		2	5					
	6						2	9
	9		4	1				
	5							
		4	8				5	
			2				9	3
	2	1	9					

157

DATE. ______________ TIME. ______________

	6					9		5
				1	4			
3	5						2	4
		6		4		2	9	
	9	2		7	1	4		
				2		6		
			9				3	
7	3				2			
							8	6

158

DATE. ____________ TIME. ____________

			8		6			
9		6					8	
4		5		2				
	9							2
			3	7				
3	1					8		4
		2		5	3			
5		9				4		
			4			3	9	

159

DATE. ________________ TIME. ________________

9			7	3				
2					6			
						4	6	9
	1			6				5
		3				9		4
	7		4	9			8	
		1			8			
	4					6	7	
		5			1			2

160

DATE. ________________ TIME. ________________

		7		5		9	8	
		5						2
			7	2		5		
				6		2	9	4
	5				3			
	6				2			
1		9				4	5	
4		2	9					3
			3		7			

161

DATE. ______________ TIME. ______________

				3	5	4		
		6						
					9		8	
					3	9	7	
2				6		3		5
7	1							2
	9		3					
	3		9	2				1
	8				1	5		

162

DATE. ____________ TIME. ____________

						4		
	3	2						
	7		6		1	5		
			7		5			4
	2	3						7
	5	8						3
2				6				
6			3	9			7	8
				8			9	5

163

DATE. ______________ TIME. ______________

	3							
	9	7	8					
					1		2	6
8				7				
9		6					5	2
2				6		9		
		4						9
			2		9	8		
3		9			6	4		

164

DATE. ____________ TIME. ____________

	8							6
			6	3		2		
	5				2	9		8
			4	9				
1		7				6		2
		9					7	
3		1		4				
5								1
				2	9	8		

165

DATE. ____________ TIME. ____________

	8		6				4	7
	9							5
3	6		1					
7						3		
			8		2			
		5				9		
							8	
		9	7	4				
		4		2	9		7	

166

DATE. ________________ TIME. ________________

		2			3			
		7	1		5			6
		8				3	5	
	6		7		1			
	8							
						9	3	4
7			8	3				
3				4	9		7	1
			5				4	

167

DATE. ____________ TIME. ____________

			6	2				
						3	1	
		9	5					
7					9		4	
4		2			7	6		
1		6				2		9
	2			4				8
	8						9	6
	6		8	3				1

168

DATE. ____________ TIME. ____________

4	3				1			
			5		3			
		1					9	6
1	6		8					
	8							7
				6				9
	7					8	3	
		9		8	2	5		
			1		5			

169

DATE. ______________ TIME. ______________

						4		8
	2			3				
			5		1			
						8		5
3		6		7				1
4			3		5			7
6	7	8	1					3
		4		2				
2				6	8		1	

170

DATE. ______________ TIME. ______________

		8				4		
			5	6	4		3	
5	7				3			
			2				6	7
8			3	5				
1		3					8	
			1					9
3	8	1						
		5		7	6			

171

DATE. ____________ TIME. ____________

	2							
		9			1			6
				4	6			3
				3			1	
2	8						6	
	7			8		2		
3		6	8		7			1
		1				8	3	
			5					

172

DATE. ______________ TIME. ______________

	6				5	8		
2	7		1					
				2		3	6	
		9			1			7
		5						9
			8	3				
8			2	1	3	7		
							4	
1			4	5	8			

173

DATE. ________________ TIME. ________________

	5					9		7
	7			8	5			
8				6		3		
		7	3					9
	4		1		7			
3				5	8			
1			4				3	
					6	5	2	
		6						

174

DATE. ____________________ TIME. ____________________

			3		9	7		2
	5					1		
6	9				8		3	
		7		3				
		1	5	4				
						5		9
3			7					
			2			9	1	3
8		6						

175

DATE. ________________ TIME. ________________

	8						4	
						1		6
	2		9	7				
3					1	7		
5		9				3		
			2		5		1	
		8	5					
							8	1
7		3			2			

176

DATE. ____________ TIME. ____________

		7	9				2	
	9			4			6	
4			8					
		3				2		
		2				5		
				6	1	4		
	6						5	3
	8	5						7
			5	9	8			

177

DATE. ____________ TIME. ____________

				2		7		
7			8					
	1			3		6		
		9						6
		8					5	2
				7	1			
			6		4		9	
8							6	
9		3					8	

178

DATE. ____________ TIME. ____________

		3		7				
	7			6	8	3		
	2					4		8
			1		4			
8							6	
9		7						5
						8		7
			2		3			9
	5	8						2

179

DATE. ______________ TIME. ______________

				5	7			
		2	9			6		
	6	3				5		
					8			7
			3	9				5
5	4						9	
							4	3
		6	2	3				
9							1	

180

DATE. ____________ TIME. ____________

				4		3	5	8
	4			8		9		
5	9			2			4	
		9			2	4		
	2	1						7
						8	9	
			5	3	7			
6		7	9					
3								9

181

DATE. ____________ TIME. ____________

			9		6			8
	7					2		4
	2		3		7			
			7	5	1			
						4		7
	3	8						
1			2				9	
5		3					6	
				1	9			

182

DATE. ______________ TIME. ______________

	6	4		3				
					8			2
8	9			6				
			9			5		
7						2		4
9					2	7		
	4	3					5	1
		7	1				3	
			5					

183

DATE. ____________ TIME. ____________

6	1							
	5		9					
						3	8	9
				8	3	4	1	
					7		3	
5	7							
			4			9		5
4				3	1			2
		7						

184

DATE. ____________ TIME. ____________

	8	2						
				8			6	5
	5				7			4
5		4	2					
			3			1	7	
	2		1			4		
3							8	6
				5	9			
6								

185

DATE. ______________ TIME. ______________

	2	6						
				9	1			
							3	5
	4		3				6	
	8	2						
							4	3
4			8					
5			4		3	2		
		1				9		

186

DATE. ____________ TIME. ____________

	3		2			4	7	
	1		7	4	8			
	9					8		
4	6	5						
			1		7			
							3	9
8				9	1			
1	5			6				
							9	5

187

DATE. ______________ TIME. ______________

8	1		5					
						2		1
		7	8			5	4	
9	5			1				
							2	6
1		8		6			7	
	7			9		4		
	9			4	6			
		3			7			

188

DATE. ____________ TIME. ____________

3			9					5
	9						1	
	1				6		3	
7		4		5				
	6			4			9	
						3	7	
			8		3			9
6		7			5			
		2						7

189

DATE. ____________ TIME. ____________

		2		5	6		3	
		3		2				
						7	5	
9			5					8
5			6		9			
8					1			4
	1			9	5		7	
			1		7	4		
	9						1	

190

DATE. ______________ TIME. ______________

	5					1		4
			6	2	9			
							6	3
			5			4	8	
	2		9	3	6			
9				8	4			
3		7		5				
							1	6
		2	3					7

191

DATE. ____________ TIME. ____________

8	7	1						
							2	
				3	1		6	
				8	3			
5					2	8	1	
7	6					5		
	3		4					9
4	2	9	8			6		3
		7						

192

DATE. ______________ TIME. ______________

		7	1				4	5
						7		
		1	5		4			
						9	7	
	8					2		
9	2	5		8				
2					3			
							1	9
		4		9	7		8	

001

5	3	8	6	9	2	7	4	1
4	7	9	3	8	1	6	2	5
2	1	6	4	5	7	9	3	8
1	9	3	2	7	6	5	8	4
8	5	7	9	1	4	2	6	3
6	4	2	8	3	5	1	9	7
7	6	4	5	2	8	3	1	9
3	2	5	1	4	9	8	7	6
9	8	1	7	6	3	4	5	2

002

5	9	6	2	4	1	3	7	8
1	8	7	5	3	6	4	2	9
4	3	2	7	8	9	6	1	5
3	7	5	6	2	8	1	9	4
2	6	1	4	9	5	8	3	7
9	4	8	3	1	7	5	6	2
8	2	3	1	7	4	9	5	6
6	1	9	8	5	2	7	4	3
7	5	4	9	6	3	2	8	1

003

4	5	9	6	7	2	1	3	8
2	8	6	3	1	5	9	7	4
3	1	7	8	4	9	2	5	6
8	9	4	2	3	6	7	1	5
5	6	3	7	8	1	4	9	2
7	2	1	5	9	4	8	6	3
1	7	5	4	6	8	3	2	9
9	4	2	1	5	3	6	8	7
6	3	8	9	2	7	5	4	1

004

1	8	9	3	2	4	5	7	6
4	7	6	5	8	1	9	2	3
5	3	2	7	9	6	8	4	1
2	1	7	8	5	9	6	3	4
8	4	5	6	3	7	2	1	9
9	6	3	1	4	2	7	8	5
6	9	4	2	1	8	3	5	7
7	5	8	4	6	3	1	9	2
3	2	1	9	7	5	4	6	8

005

8	6	1	4	9	3	2	5	7
9	3	4	7	2	5	8	1	6
5	7	2	1	6	8	4	9	3
3	5	6	2	8	4	9	7	1
1	2	9	5	7	6	3	8	4
4	8	7	3	1	9	6	2	5
7	4	3	8	5	2	1	6	9
2	9	5	6	4	1	7	3	8
6	1	8	9	3	7	5	4	2

006

9	1	7	5	2	4	3	8	6
8	5	3	1	6	9	2	4	7
4	6	2	7	3	8	5	1	9
6	4	5	9	8	3	1	7	2
7	3	8	6	1	2	9	5	4
2	9	1	4	5	7	8	6	3
5	2	4	3	7	1	6	9	8
1	8	9	2	4	6	7	3	5
3	7	6	8	9	5	4	2	1

007

5	2	3	9	7	6	8	4	1
4	7	1	3	5	8	9	2	6
6	8	9	1	2	4	7	5	3
2	9	5	6	8	3	4	1	7
3	1	8	4	9	7	2	6	5
7	6	4	2	1	5	3	9	8
1	5	2	7	3	9	6	8	4
8	4	7	5	6	2	1	3	9
9	3	6	8	4	1	5	7	2

008

3	4	9	7	6	5	2	1	8
8	2	6	1	9	4	3	5	7
7	5	1	3	2	8	9	4	6
4	9	5	6	8	3	7	2	1
1	6	8	2	4	7	5	9	3
2	7	3	9	5	1	6	8	4
6	1	2	8	3	9	4	7	5
5	3	7	4	1	2	8	6	9
9	8	4	5	7	6	1	3	2

009

5	7	1	3	9	6	4	8	2
2	4	8	1	5	7	3	6	9
9	6	3	2	4	8	1	7	5
1	5	4	7	3	2	8	9	6
8	9	2	5	6	4	7	1	3
7	3	6	9	8	1	2	5	4
3	2	5	8	7	9	6	4	1
4	8	9	6	1	3	5	2	7
6	1	7	4	2	5	9	3	8

010

6	8	4	9	1	3	5	2	7
3	1	2	6	7	5	4	8	9
7	5	9	4	2	8	3	6	1
8	7	3	2	4	6	1	9	5
4	6	5	3	9	1	8	7	2
2	9	1	5	8	7	6	3	4
5	2	7	8	6	4	9	1	3
9	3	6	1	5	2	7	4	8
1	4	8	7	3	9	2	5	6

011

2	5	3	8	6	1	7	9	4
1	8	9	2	4	7	3	6	5
7	6	4	9	3	5	1	8	2
3	4	1	6	7	8	5	2	9
8	2	5	3	1	9	4	7	6
6	9	7	4	5	2	8	3	1
9	7	2	1	8	4	6	5	3
4	3	8	5	9	6	2	1	7
5	1	6	7	2	3	9	4	8

012

7	3	8	1	4	9	6	2	5
2	6	1	3	8	5	7	9	4
9	5	4	7	2	6	8	1	3
1	7	9	6	3	8	5	4	2
5	8	3	2	7	4	1	6	9
4	2	6	9	5	1	3	7	8
6	1	2	8	9	3	4	5	7
3	9	5	4	6	7	2	8	1
8	4	7	5	1	2	9	3	6

013

8	5	6	3	4	7	9	1	2
2	9	3	8	1	6	7	4	5
7	1	4	9	2	5	8	6	3
9	2	1	6	5	8	4	3	7
6	7	5	2	3	4	1	9	8
4	3	8	7	9	1	2	5	6
3	6	9	1	7	2	5	8	4
1	4	2	5	8	3	6	7	9
5	8	7	4	6	9	3	2	1

014

9	6	1	3	4	7	2	5	8
3	8	7	2	1	5	9	4	6
2	4	5	9	6	8	7	1	3
7	5	3	4	9	1	6	8	2
8	9	2	5	7	6	1	3	4
4	1	6	8	3	2	5	7	9
1	3	9	7	2	4	8	6	5
5	7	4	6	8	9	3	2	1
6	2	8	1	5	3	4	9	7

015

8	9	1	7	2	5	6	3	4
6	4	7	3	8	9	2	5	1
3	2	5	4	6	1	8	7	9
1	7	2	9	3	6	5	4	8
9	6	4	5	1	8	7	2	3
5	3	8	2	4	7	9	1	6
7	8	3	6	5	4	1	9	2
4	1	9	8	7	2	3	6	5
2	5	6	1	9	3	4	8	7

016

7	9	6	3	8	5	1	4	2
2	5	8	9	1	4	7	3	6
3	4	1	2	6	7	5	8	9
4	1	3	7	5	6	2	9	8
9	6	7	4	2	8	3	1	5
5	8	2	1	3	9	6	7	4
6	7	9	5	4	1	8	2	3
1	3	5	8	9	2	4	6	7
8	2	4	6	7	3	9	5	1

017

5	9	6	8	7	4	2	1	3
1	2	7	9	3	6	5	4	8
3	4	8	5	2	1	7	9	6
8	6	5	2	4	9	3	7	1
4	3	2	6	1	7	8	5	9
9	7	1	3	8	5	6	2	4
7	5	4	1	6	8	9	3	2
2	8	9	4	5	3	1	6	7
6	1	3	7	9	2	4	8	5

018

5	8	7	3	9	4	2	6	1
2	9	3	1	7	6	4	5	8
6	4	1	2	8	5	3	7	9
3	6	4	9	2	1	5	8	7
9	7	8	5	4	3	6	1	2
1	5	2	7	6	8	9	3	4
7	1	9	6	5	2	8	4	3
4	3	5	8	1	9	7	2	6
8	2	6	4	3	7	1	9	5

019

7	9	8	1	3	4	2	6	5
2	3	6	8	7	5	9	4	1
5	1	4	6	2	9	7	8	3
8	5	9	7	6	3	4	1	2
1	4	3	9	5	2	8	7	6
6	2	7	4	8	1	3	5	9
3	8	5	2	1	7	6	9	4
9	6	1	3	4	8	5	2	7
4	7	2	5	9	6	1	3	8

020

9	8	3	4	2	5	1	7	6
1	7	2	6	3	9	5	4	8
6	4	5	8	7	1	3	2	9
8	5	7	9	4	6	2	1	3
3	1	6	2	5	8	4	9	7
2	9	4	3	1	7	6	8	5
5	2	9	7	6	4	8	3	1
7	3	1	5	8	2	9	6	4
4	6	8	1	9	3	7	5	2

021

8	6	3	4	1	5	2	7	9
5	1	7	3	9	2	4	6	8
9	4	2	6	8	7	5	3	1
1	3	5	9	7	6	8	4	2
6	9	8	2	5	4	3	1	7
7	2	4	8	3	1	6	9	5
3	5	1	7	4	8	9	2	6
4	8	6	1	2	9	7	5	3
2	7	9	5	6	3	1	8	4

022

8	7	6	5	1	9	2	3	4
9	5	1	2	3	4	8	6	7
4	2	3	6	7	8	1	9	5
7	9	4	8	2	1	6	5	3
6	8	5	7	4	3	9	1	2
1	3	2	9	5	6	7	4	8
5	1	8	3	6	7	4	2	9
3	4	9	1	8	2	5	7	6
2	6	7	4	9	5	3	8	1

023

4	5	8	2	3	9	6	1	7
9	3	7	6	5	1	4	2	8
2	6	1	7	8	4	5	9	3
3	8	6	5	2	7	1	4	9
1	9	5	3	4	8	7	6	2
7	2	4	9	1	6	3	8	5
5	1	3	4	9	2	8	7	6
6	4	9	8	7	3	2	5	1
8	7	2	1	6	5	9	3	4

024

6	4	5	8	2	3	1	9	7
9	2	7	6	1	4	5	3	8
1	8	3	7	9	5	4	2	6
7	6	8	4	3	9	2	1	5
3	5	9	1	8	2	7	6	4
4	1	2	5	6	7	3	8	9
2	3	4	9	5	8	6	7	1
5	9	6	3	7	1	8	4	2
8	7	1	2	4	6	9	5	3

025

3	4	2	9	5	7	1	8	6
9	1	5	8	3	6	2	7	4
8	7	6	1	4	2	5	9	3
1	2	9	7	6	5	4	3	8
4	5	7	3	8	1	6	2	9
6	3	8	2	9	4	7	1	5
7	8	4	6	2	9	3	5	1
5	9	1	4	7	3	8	6	2
2	6	3	5	1	8	9	4	7

026

1	6	5	8	4	9	7	2	3
3	7	9	6	1	2	4	8	5
4	8	2	5	7	3	1	9	6
7	2	3	4	8	6	5	1	9
8	1	4	9	2	5	6	3	7
5	9	6	7	3	1	2	4	8
2	3	8	1	5	7	9	6	4
9	4	7	2	6	8	3	5	1
6	5	1	3	9	4	8	7	2

027

9	6	3	1	4	8	2	5	7
4	5	8	2	3	7	6	1	9
7	2	1	9	5	6	3	8	4
3	1	9	4	7	2	5	6	8
5	8	6	3	1	9	4	7	2
2	7	4	6	8	5	9	3	1
8	9	7	5	2	3	1	4	6
1	3	2	7	6	4	8	9	5
6	4	5	8	9	1	7	2	3

028

4	7	3	1	8	9	2	6	5
1	8	5	3	6	2	4	7	9
9	6	2	4	5	7	1	8	3
7	5	1	9	4	3	8	2	6
6	4	8	2	1	5	9	3	7
3	2	9	6	7	8	5	4	1
2	9	6	5	3	4	7	1	8
8	1	4	7	9	6	3	5	2
5	3	7	8	2	1	6	9	4

029

5	3	6	9	7	2	4	8	1
9	8	2	1	5	4	3	7	6
4	7	1	8	3	6	9	5	2
2	4	7	5	6	9	8	1	3
6	5	9	3	1	8	2	4	7
3	1	8	2	4	7	5	6	9
1	6	5	4	2	3	7	9	8
7	9	3	6	8	5	1	2	4
8	2	4	7	9	1	6	3	5

030

9	6	4	8	2	7	1	3	5
5	7	1	4	9	3	2	8	6
2	3	8	6	1	5	4	9	7
1	9	6	2	5	4	3	7	8
8	4	7	1	3	6	9	5	2
3	5	2	9	7	8	6	1	4
4	8	3	7	6	1	5	2	9
7	1	9	5	4	2	8	6	3
6	2	5	3	8	9	7	4	1

031

2	3	5	6	9	8	7	4	1
9	6	8	7	1	4	2	3	5
1	7	4	3	2	5	8	6	9
4	5	1	2	7	3	6	9	8
7	2	6	4	8	9	5	1	3
3	8	9	1	5	6	4	2	7
5	9	3	8	6	2	1	7	4
8	1	2	9	4	7	3	5	6
6	4	7	5	3	1	9	8	2

032

8	3	4	1	5	2	6	7	9
2	5	6	7	4	9	1	3	8
1	7	9	6	3	8	2	4	5
6	9	5	2	7	3	4	8	1
3	8	2	4	6	1	9	5	7
7	4	1	9	8	5	3	2	6
5	6	3	8	9	4	7	1	2
9	2	8	3	1	7	5	6	4
4	1	7	5	2	6	8	9	3

033

4	1	7	2	9	5	3	8	6
8	2	5	7	3	6	9	1	4
3	9	6	4	1	8	7	2	5
1	8	3	5	2	7	6	4	9
2	7	9	1	6	4	8	5	3
6	5	4	3	8	9	2	7	1
9	4	1	8	7	3	5	6	2
5	6	8	9	4	2	1	3	7
7	3	2	6	5	1	4	9	8

034

3	1	4	2	6	9	7	5	8
7	5	6	1	4	8	3	2	9
9	2	8	7	5	3	4	6	1
4	8	5	3	1	6	9	7	2
2	9	1	8	7	4	5	3	6
6	3	7	5	9	2	8	1	4
5	4	3	6	8	1	2	9	7
8	6	2	9	3	7	1	4	5
1	7	9	4	2	5	6	8	3

035

9	8	6	2	1	3	7	5	4
3	4	1	5	9	7	6	2	8
2	7	5	6	4	8	9	1	3
5	2	4	8	7	6	3	9	1
6	9	3	1	5	4	8	7	2
8	1	7	3	2	9	4	6	5
4	5	9	7	8	1	2	3	6
7	6	2	4	3	5	1	8	9
1	3	8	9	6	2	5	4	7

036

9	2	1	6	3	8	4	5	7
6	4	7	1	5	2	3	9	8
3	8	5	7	9	4	6	1	2
8	3	4	5	1	9	2	7	6
1	6	2	4	7	3	9	8	5
7	5	9	2	8	6	1	3	4
2	1	8	9	6	5	7	4	3
4	9	3	8	2	7	5	6	1
5	7	6	3	4	1	8	2	9

037

7	8	3	1	4	5	9	2	6
4	9	1	6	2	7	8	5	3
6	5	2	3	9	8	1	4	7
3	1	8	2	5	6	7	9	4
2	7	9	4	8	3	5	6	1
5	4	6	9	7	1	2	3	8
1	2	4	8	3	9	6	7	5
8	3	7	5	6	2	4	1	9
9	6	5	7	1	4	3	8	2

038

2	1	4	6	7	5	9	8	3
7	6	9	3	8	1	5	4	2
5	8	3	2	9	4	1	6	7
3	2	1	7	4	8	6	9	5
6	7	8	5	3	9	2	1	4
9	4	5	1	6	2	7	3	8
1	9	2	4	5	3	8	7	6
4	5	7	8	1	6	3	2	9
8	3	6	9	2	7	4	5	1

039

7	5	2	3	9	1	4	6	8
3	6	9	8	4	7	5	1	2
8	4	1	6	2	5	3	9	7
1	8	5	2	7	6	9	4	3
2	9	6	5	3	4	8	7	1
4	7	3	1	8	9	6	2	5
5	3	4	7	6	2	1	8	9
6	2	8	9	1	3	7	5	4
9	1	7	4	5	8	2	3	6

040

6	5	8	7	9	4	2	1	3
4	9	7	3	2	1	6	8	5
1	3	2	6	8	5	4	9	7
5	8	4	9	3	2	1	7	6
7	1	9	5	4	6	8	3	2
3	2	6	8	1	7	9	5	4
8	4	1	2	5	3	7	6	9
9	6	3	4	7	8	5	2	1
2	7	5	1	6	9	3	4	8

041

6	1	3	7	5	8	2	9	4
4	8	5	9	1	2	7	6	3
7	9	2	4	6	3	8	5	1
3	4	6	1	2	5	9	7	8
5	2	9	8	3	7	1	4	6
1	7	8	6	4	9	5	3	2
8	5	1	3	7	4	6	2	9
9	3	7	2	8	6	4	1	5
2	6	4	5	9	1	3	8	7

042

5	4	2	1	9	7	3	8	6
6	1	9	8	5	3	2	7	4
7	3	8	4	2	6	1	9	5
4	9	6	2	7	5	8	1	3
8	7	3	6	4	1	9	5	2
2	5	1	3	8	9	4	6	7
3	2	7	5	1	8	6	4	9
9	8	4	7	6	2	5	3	1
1	6	5	9	3	4	7	2	8

043

7	1	6	4	8	2	9	3	5
2	9	5	1	3	7	6	4	8
4	3	8	6	9	5	2	1	7
9	2	1	3	7	6	5	8	4
8	6	7	5	4	9	3	2	1
5	4	3	8	2	1	7	6	9
3	8	2	9	5	4	1	7	6
1	5	4	7	6	3	8	9	2
6	7	9	2	1	8	4	5	3

044

1	9	7	5	8	4	6	2	3
3	2	8	1	9	6	7	4	5
5	6	4	3	2	7	1	9	8
4	8	1	9	7	2	3	5	6
2	3	5	6	1	8	4	7	9
6	7	9	4	3	5	8	1	2
9	4	6	8	5	1	2	3	7
7	1	3	2	6	9	5	8	4
8	5	2	7	4	3	9	6	1

045

2	1	9	3	6	4	5	7	8
5	6	4	7	8	9	1	3	2
7	8	3	5	2	1	6	9	4
6	7	8	4	1	3	2	5	9
9	4	2	8	5	6	3	1	7
3	5	1	9	7	2	4	8	6
4	3	5	2	9	8	7	6	1
1	9	7	6	4	5	8	2	3
8	2	6	1	3	7	9	4	5

046

1	4	6	8	3	5	2	9	7
8	2	3	7	9	1	5	6	4
5	7	9	6	2	4	8	1	3
6	5	4	2	7	9	3	8	1
9	8	2	1	6	3	4	7	5
7	3	1	4	5	8	6	2	9
2	1	7	3	4	6	9	5	8
4	9	8	5	1	2	7	3	6
3	6	5	9	8	7	1	4	2

047

6	2	5	4	1	7	3	9	8
3	7	4	2	8	9	1	5	6
8	1	9	5	3	6	2	4	7
4	5	3	7	6	8	9	2	1
7	6	1	3	9	2	5	8	4
2	9	8	1	5	4	6	7	3
1	3	7	8	2	5	4	6	9
5	4	6	9	7	3	8	1	2
9	8	2	6	4	1	7	3	5

048

5	1	9	8	7	3	2	6	4
8	6	7	2	4	5	1	3	9
3	2	4	1	6	9	8	7	5
2	4	5	9	3	8	6	1	7
9	7	6	4	2	1	3	5	8
1	8	3	6	5	7	4	9	2
6	5	2	3	9	4	7	8	1
7	3	1	5	8	2	9	4	6
4	9	8	7	1	6	5	2	3

049

8	6	2	3	4	7	1	9	5
3	5	9	2	6	1	7	4	8
1	7	4	5	9	8	6	3	2
6	3	5	7	8	4	9	2	1
2	8	7	9	1	3	4	5	6
4	9	1	6	5	2	3	8	7
5	1	3	8	7	9	2	6	4
9	4	8	1	2	6	5	7	3
7	2	6	4	3	5	8	1	9

050

2	6	8	9	3	1	4	5	7
1	5	3	7	2	4	6	8	9
4	9	7	8	5	6	2	3	1
7	3	4	2	8	5	9	1	6
5	8	6	1	4	9	7	2	3
9	1	2	3	6	7	8	4	5
8	2	9	6	1	3	5	7	4
6	4	1	5	7	2	3	9	8
3	7	5	4	9	8	1	6	2

051

8	7	3	5	6	2	4	9	1
5	2	4	1	9	7	6	8	3
6	9	1	8	3	4	2	7	5
4	1	5	2	8	3	9	6	7
3	6	7	9	4	5	1	2	8
9	8	2	7	1	6	5	3	4
7	5	8	4	2	9	3	1	6
2	4	6	3	7	1	8	5	9
1	3	9	6	5	8	7	4	2

052

7	5	2	9	3	6	1	4	8
1	6	9	4	2	8	7	5	3
3	8	4	1	5	7	2	6	9
5	1	6	7	4	3	9	8	2
2	9	7	5	8	1	4	3	6
8	4	3	6	9	2	5	1	7
6	3	1	2	7	5	8	9	4
9	7	8	3	1	4	6	2	5
4	2	5	8	6	9	3	7	1

053

2	9	6	3	1	4	8	7	5
4	3	7	8	2	5	1	6	9
1	8	5	7	6	9	2	4	3
7	2	9	1	3	8	4	5	6
3	4	8	9	5	6	7	2	1
5	6	1	4	7	2	9	3	8
9	5	3	2	8	7	6	1	4
8	1	2	6	4	3	5	9	7
6	7	4	5	9	1	3	8	2

054

3	1	9	8	6	2	4	7	5
4	8	2	7	1	5	6	3	9
7	6	5	9	3	4	1	2	8
1	7	3	4	2	8	5	9	6
8	5	6	3	9	1	7	4	2
2	9	4	6	5	7	3	8	1
9	2	7	5	4	6	8	1	3
6	4	1	2	8	3	9	5	7
5	3	8	1	7	9	2	6	4

055

8	7	6	9	1	2	5	4	3
2	5	4	3	7	6	1	9	8
1	3	9	5	4	8	7	2	6
4	2	5	7	6	9	8	3	1
6	9	7	8	3	1	4	5	2
3	1	8	2	5	4	6	7	9
9	4	3	6	8	7	2	1	5
5	8	1	4	2	3	9	6	7
7	6	2	1	9	5	3	8	4

056

8	9	4	3	2	5	6	1	7
6	1	3	7	9	8	5	2	4
7	5	2	1	6	4	8	9	3
4	3	9	6	1	7	2	5	8
2	7	6	8	5	9	3	4	1
1	8	5	2	4	3	7	6	9
9	2	8	5	7	1	4	3	6
3	6	1	4	8	2	9	7	5
5	4	7	9	3	6	1	8	2

057

2	9	3	7	4	8	5	6	1
6	5	4	9	3	1	8	7	2
8	7	1	5	2	6	4	9	3
9	1	8	3	6	7	2	4	5
7	6	5	2	8	4	3	1	9
4	3	2	1	5	9	7	8	6
1	2	6	4	7	3	9	5	8
3	8	7	6	9	5	1	2	4
5	4	9	8	1	2	6	3	7

058

1	9	4	3	8	7	6	2	5
7	2	6	9	4	5	8	1	3
8	5	3	6	2	1	7	9	4
2	3	9	8	5	6	4	7	1
6	8	1	7	3	4	2	5	9
4	7	5	1	9	2	3	8	6
9	4	2	5	6	8	1	3	7
3	1	8	4	7	9	5	6	2
5	6	7	2	1	3	9	4	8

059

1	9	2	3	6	5	8	7	4
6	8	5	9	7	4	2	1	3
7	4	3	8	2	1	9	6	5
5	6	8	1	3	7	4	2	9
3	7	4	6	9	2	5	8	1
9	2	1	5	4	8	7	3	6
2	3	7	4	5	6	1	9	8
4	1	9	2	8	3	6	5	7
8	5	6	7	1	9	3	4	2

060

3	1	7	9	2	8	4	5	6
8	4	9	1	5	6	2	3	7
2	5	6	4	7	3	1	8	9
9	7	4	5	3	2	8	6	1
6	3	2	8	1	9	5	7	4
5	8	1	7	6	4	9	2	3
4	9	3	2	8	7	6	1	5
7	2	5	6	4	1	3	9	8
1	6	8	3	9	5	7	4	2

061

2	7	4	1	9	3	6	8	5
5	9	8	4	2	6	1	7	3
6	3	1	5	8	7	9	2	4
3	6	2	8	7	4	5	1	9
8	4	5	9	6	1	7	3	2
9	1	7	2	3	5	8	4	6
1	2	6	7	4	9	3	5	8
7	8	3	6	5	2	4	9	1
4	5	9	3	1	8	2	6	7

062

6	1	2	5	8	4	9	3	7
5	7	9	2	3	1	6	8	4
3	4	8	6	9	7	5	2	1
1	3	5	7	2	9	8	4	6
8	9	6	4	1	5	3	7	2
7	2	4	3	6	8	1	9	5
2	5	3	9	4	6	7	1	8
4	8	7	1	5	3	2	6	9
9	6	1	8	7	2	4	5	3

063

9	3	4	1	7	6	8	2	5
6	2	1	8	5	4	7	3	9
7	8	5	2	3	9	4	6	1
1	4	2	3	9	5	6	8	7
8	6	7	4	1	2	9	5	3
5	9	3	7	6	8	1	4	2
2	7	9	6	8	3	5	1	4
4	5	8	9	2	1	3	7	6
3	1	6	5	4	7	2	9	8

064

8	5	1	3	6	7	4	9	2
2	7	9	8	4	1	5	6	3
3	6	4	9	5	2	7	8	1
1	2	3	4	9	8	6	7	5
7	8	6	5	2	3	1	4	9
4	9	5	1	7	6	3	2	8
9	1	8	7	3	4	2	5	6
5	4	2	6	1	9	8	3	7
6	3	7	2	8	5	9	1	4

065

9	8	6	5	1	4	7	2	3
5	2	3	8	6	7	9	4	1
7	4	1	3	9	2	5	8	6
8	1	5	2	4	6	3	7	9
3	9	2	7	5	1	4	6	8
6	7	4	9	3	8	1	5	2
2	3	9	6	7	5	8	1	4
4	6	7	1	8	9	2	3	5
1	5	8	4	2	3	6	9	7

066

9	4	7	2	1	5	3	6	8
8	1	6	3	7	4	9	2	5
3	5	2	6	9	8	4	7	1
6	2	1	5	3	7	8	4	9
7	9	3	8	4	2	1	5	6
5	8	4	9	6	1	2	3	7
2	6	5	4	8	9	7	1	3
1	3	9	7	2	6	5	8	4
4	7	8	1	5	3	6	9	2

067

9	6	4	3	5	8	7	1	2
3	7	1	9	2	6	4	5	8
2	8	5	1	4	7	3	6	9
4	3	7	6	1	9	2	8	5
8	1	2	4	3	5	6	9	7
5	9	6	8	7	2	1	3	4
6	5	3	7	9	4	8	2	1
1	4	9	2	8	3	5	7	6
7	2	8	5	6	1	9	4	3

068

9	8	6	5	1	3	4	7	2
4	5	1	6	2	7	9	3	8
3	2	7	4	8	9	1	6	5
8	3	4	1	7	6	5	2	9
7	1	2	9	5	8	3	4	6
5	6	9	3	4	2	7	8	1
6	9	8	7	3	5	2	1	4
1	7	5	2	6	4	8	9	3
2	4	3	8	9	1	6	5	7

069

4	1	8	7	3	6	9	5	2
2	5	6	4	8	9	1	3	7
9	3	7	1	5	2	8	4	6
5	7	9	2	1	3	6	8	4
1	4	3	5	6	8	2	7	9
6	8	2	9	7	4	5	1	3
3	9	5	6	4	1	7	2	8
7	6	4	8	2	5	3	9	1
8	2	1	3	9	7	4	6	5

070

1	7	9	6	2	5	4	8	3
8	4	3	7	9	1	6	2	5
6	5	2	8	3	4	1	9	7
3	1	5	9	4	8	2	7	6
7	6	4	5	1	2	9	3	8
9	2	8	3	6	7	5	4	1
2	8	6	4	5	3	7	1	9
5	3	1	2	7	9	8	6	4
4	9	7	1	8	6	3	5	2

071

2	9	6	5	4	7	8	1	3
4	5	3	6	1	8	2	7	9
7	1	8	9	3	2	5	6	4
1	6	4	8	7	3	9	5	2
8	7	5	2	9	6	3	4	1
9	3	2	4	5	1	6	8	7
5	2	1	7	6	9	4	3	8
6	8	7	3	2	4	1	9	5
3	4	9	1	8	5	7	2	6

072

5	6	4	2	3	7	1	8	9
3	8	7	9	5	1	2	4	6
1	9	2	6	8	4	3	7	5
9	4	3	8	1	6	7	5	2
2	7	1	3	9	5	8	6	4
6	5	8	7	4	2	9	3	1
8	2	6	5	7	9	4	1	3
7	1	5	4	2	3	6	9	8
4	3	9	1	6	8	5	2	7

073

8	2	3	7	6	5	4	9	1
4	6	7	8	1	9	3	5	2
9	5	1	2	3	4	6	7	8
5	8	6	1	9	2	7	4	3
3	4	2	6	7	8	9	1	5
1	7	9	5	4	3	8	2	6
7	3	8	4	2	1	5	6	9
6	1	5	9	8	7	2	3	4
2	9	4	3	5	6	1	8	7

074

7	3	4	5	8	2	6	1	9
8	1	9	4	3	6	7	5	2
2	5	6	1	7	9	8	4	3
4	6	5	9	2	3	1	8	7
1	2	8	6	5	7	3	9	4
3	9	7	8	4	1	2	6	5
5	4	3	7	1	8	9	2	6
6	7	1	2	9	5	4	3	8
9	8	2	3	6	4	5	7	1

075

1	7	4	2	5	6	3	9	8
8	2	6	9	3	1	5	4	7
5	3	9	7	4	8	6	1	2
6	8	2	5	1	9	4	7	3
3	5	1	8	7	4	2	6	9
9	4	7	6	2	3	8	5	1
4	9	8	3	6	7	1	2	5
7	6	5	1	8	2	9	3	4
2	1	3	4	9	5	7	8	6

076

4	7	1	9	8	3	2	6	5
5	3	6	1	2	4	8	9	7
9	2	8	6	5	7	1	4	3
7	9	2	3	1	6	4	5	8
8	4	3	2	7	5	9	1	6
1	6	5	4	9	8	7	3	2
6	1	7	5	4	2	3	8	9
2	5	9	8	3	1	6	7	4
3	8	4	7	6	9	5	2	1

077

7	5	3	1	9	2	8	4	6
4	8	2	7	3	6	1	5	9
9	6	1	4	5	8	7	3	2
8	4	6	3	1	5	9	2	7
5	1	7	8	2	9	3	6	4
2	3	9	6	7	4	5	8	1
6	7	5	2	8	1	4	9	3
3	9	4	5	6	7	2	1	8
1	2	8	9	4	3	6	7	5

078

8	5	3	7	6	4	9	1	2
1	9	4	3	8	2	6	5	7
6	7	2	9	1	5	8	3	4
3	4	6	8	5	7	2	9	1
9	8	7	1	2	6	5	4	3
2	1	5	4	3	9	7	8	6
5	2	8	6	4	1	3	7	9
7	6	1	5	9	3	4	2	8
4	3	9	2	7	8	1	6	5

079

9	5	6	3	1	8	4	7	2
3	2	8	9	7	4	6	1	5
1	7	4	2	6	5	3	9	8
5	4	1	8	2	7	9	3	6
6	9	3	5	4	1	2	8	7
7	8	2	6	3	9	1	5	4
4	1	9	7	5	6	8	2	3
2	6	5	1	8	3	7	4	9
8	3	7	4	9	2	5	6	1

080

3	8	7	4	2	1	6	9	5
9	1	2	8	5	6	7	4	3
4	6	5	3	9	7	2	1	8
5	4	9	7	8	3	1	6	2
8	3	6	9	1	2	4	5	7
2	7	1	6	4	5	3	8	9
1	9	8	2	7	4	5	3	6
7	5	3	1	6	8	9	2	4
6	2	4	5	3	9	8	7	1

081

8	4	5	7	1	2	6	3	9
1	6	3	8	9	5	4	7	2
9	7	2	3	6	4	8	1	5
4	3	1	9	2	6	5	8	7
7	5	8	4	3	1	9	2	6
2	9	6	5	7	8	1	4	3
5	2	4	6	8	3	7	9	1
3	8	9	1	5	7	2	6	4
6	1	7	2	4	9	3	5	8

082

9	1	7	8	3	2	5	4	6
2	5	6	4	7	9	8	3	1
3	4	8	6	1	5	2	7	9
6	7	3	5	2	4	1	9	8
8	9	5	7	6	1	3	2	4
4	2	1	3	9	8	7	6	5
5	3	2	1	4	6	9	8	7
7	8	4	9	5	3	6	1	2
1	6	9	2	8	7	4	5	3

083

6	4	2	9	5	7	8	3	1
8	5	9	3	2	1	7	4	6
1	7	3	6	8	4	5	9	2
4	6	7	5	9	2	3	1	8
9	3	8	7	1	6	2	5	4
2	1	5	8	4	3	6	7	9
3	9	6	4	7	8	1	2	5
5	8	1	2	3	9	4	6	7
7	2	4	1	6	5	9	8	3

084

9	3	2	4	6	7	8	5	1
6	1	5	9	3	8	4	7	2
8	7	4	5	2	1	6	3	9
5	9	7	1	8	3	2	4	6
2	4	1	6	9	5	7	8	3
3	6	8	7	4	2	1	9	5
4	2	6	8	5	9	3	1	7
7	8	9	3	1	6	5	2	4
1	5	3	2	7	4	9	6	8

085

1	6	9	8	3	7	5	4	2
3	2	5	4	1	9	8	6	7
4	8	7	2	5	6	1	9	3
2	1	3	6	8	4	7	5	9
8	7	6	5	9	3	2	1	4
9	5	4	7	2	1	3	8	6
5	3	8	9	4	2	6	7	1
7	4	2	1	6	5	9	3	8
6	9	1	3	7	8	4	2	5

086

4	3	2	1	6	7	8	9	5
7	8	1	4	9	5	6	2	3
5	9	6	2	8	3	7	4	1
8	1	7	5	2	6	4	3	9
9	6	3	7	4	1	5	8	2
2	5	4	8	3	9	1	7	6
3	7	5	9	1	4	2	6	8
6	4	8	3	5	2	9	1	7
1	2	9	6	7	8	3	5	4

087

7	1	5	4	9	2	6	8	3
4	8	2	3	5	6	7	9	1
3	9	6	8	7	1	2	5	4
6	7	4	9	8	3	1	2	5
1	3	8	5	2	7	9	4	6
5	2	9	1	6	4	8	3	7
9	4	3	7	1	8	5	6	2
8	6	1	2	3	5	4	7	9
2	5	7	6	4	9	3	1	8

088

7	4	5	1	3	6	2	8	9
8	1	2	5	9	4	7	6	3
6	3	9	8	7	2	4	1	5
9	6	8	7	4	5	3	2	1
3	2	7	6	1	9	5	4	8
4	5	1	3	2	8	6	9	7
1	7	6	2	8	3	9	5	4
5	8	4	9	6	7	1	3	2
2	9	3	4	5	1	8	7	6

089

1	6	4	2	5	9	7	3	8
5	7	8	4	6	3	1	2	9
3	2	9	1	7	8	5	6	4
9	8	3	6	2	1	4	7	5
2	4	5	8	3	7	9	1	6
6	1	7	5	9	4	3	8	2
4	9	6	7	1	2	8	5	3
7	3	2	9	8	5	6	4	1
8	5	1	3	4	6	2	9	7

090

6	8	1	9	2	3	5	4	7
3	4	7	8	6	5	9	1	2
9	5	2	1	4	7	6	8	3
1	2	5	4	8	6	7	3	9
7	9	4	3	1	2	8	5	6
8	6	3	7	5	9	1	2	4
5	7	8	2	9	4	3	6	1
4	1	9	6	3	8	2	7	5
2	3	6	5	7	1	4	9	8

091

2	9	8	6	3	7	4	1	5
7	4	1	8	5	9	2	6	3
6	5	3	1	2	4	7	8	9
1	3	5	9	4	6	8	2	7
9	6	7	2	1	8	5	3	4
8	2	4	5	7	3	1	9	6
3	1	2	7	6	5	9	4	8
4	7	9	3	8	2	6	5	1
5	8	6	4	9	1	3	7	2

092

2	5	8	9	6	4	7	1	3
4	9	1	3	2	7	8	6	5
3	7	6	1	5	8	9	2	4
7	8	2	6	4	3	1	5	9
6	3	5	7	9	1	4	8	2
1	4	9	5	8	2	3	7	6
5	1	4	2	7	9	6	3	8
8	6	3	4	1	5	2	9	7
9	2	7	8	3	6	5	4	1

093

1	5	8	7	4	9	6	3	2
9	4	6	5	2	3	8	1	7
3	2	7	6	1	8	5	4	9
4	6	9	1	5	2	3	7	8
2	3	5	4	8	7	1	9	6
7	8	1	3	9	6	2	5	4
8	7	2	9	3	5	4	6	1
6	1	3	8	7	4	9	2	5
5	9	4	2	6	1	7	8	3

094

7	3	8	2	5	9	1	6	4
9	4	6	8	1	3	2	7	5
2	1	5	6	7	4	9	3	8
3	7	4	9	2	1	8	5	6
5	6	1	7	3	8	4	9	2
8	2	9	5	4	6	3	1	7
6	8	2	3	9	7	5	4	1
4	9	7	1	8	5	6	2	3
1	5	3	4	6	2	7	8	9

095

5	1	6	2	8	4	9	7	3
2	9	3	6	7	1	8	5	4
8	7	4	3	9	5	2	6	1
4	8	7	9	5	3	1	2	6
3	5	1	7	6	2	4	8	9
9	6	2	4	1	8	7	3	5
1	2	9	5	3	7	6	4	8
7	3	8	1	4	6	5	9	2
6	4	5	8	2	9	3	1	7

096

4	7	5	1	3	6	2	9	8
8	2	3	4	9	5	7	1	6
6	1	9	7	2	8	5	4	3
5	9	6	8	4	2	1	3	7
7	4	2	5	1	3	8	6	9
3	8	1	6	7	9	4	5	2
2	6	8	9	5	4	3	7	1
1	3	4	2	6	7	9	8	5
9	5	7	3	8	1	6	2	4

097

6	2	5	8	1	7	9	3	4
9	7	4	3	5	6	1	8	2
3	8	1	2	9	4	5	7	6
8	5	3	7	2	9	6	4	1
4	6	7	1	3	5	8	2	9
1	9	2	6	4	8	7	5	3
7	4	8	9	6	3	2	1	5
2	3	6	5	7	1	4	9	8
5	1	9	4	8	2	3	6	7

098

8	4	2	3	1	7	9	5	6
1	6	5	9	4	2	7	3	8
7	9	3	8	6	5	4	2	1
9	1	7	2	5	4	6	8	3
5	8	6	7	3	9	1	4	2
2	3	4	1	8	6	5	9	7
6	2	9	5	7	8	3	1	4
4	5	1	6	2	3	8	7	9
3	7	8	4	9	1	2	6	5

099

4	3	6	8	5	9	1	7	2
2	5	8	7	4	1	6	9	3
9	7	1	3	2	6	4	8	5
3	4	9	1	8	5	2	6	7
5	6	7	2	9	4	8	3	1
8	1	2	6	3	7	5	4	9
6	2	3	5	7	8	9	1	4
1	9	5	4	6	3	7	2	8
7	8	4	9	1	2	3	5	6

100

3	2	4	8	1	7	9	6	5
6	7	1	5	2	9	8	4	3
9	5	8	4	6	3	2	7	1
7	6	9	2	8	1	5	3	4
1	8	2	3	5	4	7	9	6
5	4	3	9	7	6	1	8	2
2	1	7	6	4	8	3	5	9
8	3	6	1	9	5	4	2	7
4	9	5	7	3	2	6	1	8

101

9	3	1	8	7	5	4	6	2
2	5	8	9	4	6	1	7	3
7	4	6	2	1	3	9	5	8
1	8	3	7	5	2	6	4	9
4	6	2	1	9	8	7	3	5
5	7	9	6	3	4	2	8	1
3	9	4	5	2	7	8	1	6
8	1	7	3	6	9	5	2	4
6	2	5	4	8	1	3	9	7

102

9	8	3	6	7	4	5	2	1
6	5	2	3	1	8	9	7	4
4	7	1	9	5	2	6	3	8
8	1	4	5	9	7	3	6	2
2	9	7	8	3	6	1	4	5
3	6	5	4	2	1	7	8	9
5	2	8	7	6	9	4	1	3
1	3	6	2	4	5	8	9	7
7	4	9	1	8	3	2	5	6

103

3	7	8	5	6	9	4	1	2
6	4	2	7	1	3	9	5	8
1	5	9	4	8	2	6	3	7
4	2	3	8	5	1	7	6	9
5	1	7	9	2	6	8	4	3
9	8	6	3	4	7	1	2	5
8	6	5	2	7	4	3	9	1
7	9	1	6	3	5	2	8	4
2	3	4	1	9	8	5	7	6

104

4	8	6	1	2	5	7	9	3
2	5	7	3	8	9	4	1	6
1	3	9	7	6	4	8	5	2
5	6	1	2	7	8	3	4	9
8	4	3	9	1	6	2	7	5
7	9	2	5	4	3	6	8	1
9	7	8	6	3	1	5	2	4
3	2	5	4	9	7	1	6	8
6	1	4	8	5	2	9	3	7

105

9	7	3	2	5	4	8	1	6
4	6	8	9	1	3	7	2	5
1	5	2	6	8	7	4	3	9
5	4	6	7	2	9	3	8	1
2	8	1	4	3	5	9	6	7
3	9	7	1	6	8	2	5	4
6	1	9	8	7	2	5	4	3
7	2	5	3	4	1	6	9	8
8	3	4	5	9	6	1	7	2

106

2	4	5	7	1	3	6	9	8
8	6	3	9	5	2	7	1	4
7	9	1	4	6	8	3	2	5
3	5	6	8	9	4	2	7	1
9	8	7	1	2	5	4	6	3
1	2	4	6	3	7	8	5	9
4	1	2	3	7	9	5	8	6
6	7	8	5	4	1	9	3	2
5	3	9	2	8	6	1	4	7

107

2	9	7	1	4	3	6	5	8
3	6	1	7	5	8	4	9	2
8	5	4	6	9	2	3	1	7
9	2	6	4	8	7	5	3	1
1	7	3	9	6	5	8	2	4
5	4	8	3	2	1	9	7	6
7	1	9	8	3	6	2	4	5
4	8	5	2	7	9	1	6	3
6	3	2	5	1	4	7	8	9

108

1	4	6	8	5	2	9	7	3
5	9	2	6	3	7	8	4	1
3	8	7	1	4	9	5	6	2
7	3	9	4	8	5	2	1	6
6	1	5	9	2	3	4	8	7
8	2	4	7	6	1	3	5	9
9	6	8	3	7	4	1	2	5
2	7	3	5	1	8	6	9	4
4	5	1	2	9	6	7	3	8

109

4	7	5	8	1	9	3	2	6
6	9	2	7	3	4	5	1	8
8	1	3	6	5	2	7	9	4
9	5	8	4	2	6	1	7	3
7	3	6	9	8	1	2	4	5
1	2	4	5	7	3	8	6	9
2	8	9	1	6	5	4	3	7
3	6	7	2	4	8	9	5	1
5	4	1	3	9	7	6	8	2

110

7	1	2	5	8	4	3	6	9
8	9	3	6	2	1	7	4	5
6	4	5	9	7	3	8	2	1
2	5	7	4	9	8	6	1	3
1	8	6	3	5	7	4	9	2
9	3	4	1	6	2	5	7	8
5	7	9	8	1	6	2	3	4
4	2	8	7	3	9	1	5	6
3	6	1	2	4	5	9	8	7

111

2	4	8	5	9	7	3	6	1
7	1	5	6	3	8	4	2	9
3	6	9	4	1	2	8	5	7
9	2	1	8	6	4	7	3	5
6	5	3	1	7	9	2	8	4
4	8	7	2	5	3	1	9	6
8	9	4	7	2	6	5	1	3
1	7	6	3	8	5	9	4	2
5	3	2	9	4	1	6	7	8

112

9	8	4	3	5	7	2	6	1
5	2	6	8	9	1	4	7	3
1	3	7	2	6	4	9	8	5
4	1	3	5	2	8	7	9	6
8	9	2	1	7	6	5	3	4
6	7	5	9	4	3	1	2	8
2	4	8	7	3	5	6	1	9
7	5	1	6	8	9	3	4	2
3	6	9	4	1	2	8	5	7

113

5	6	9	3	4	2	8	7	1
7	2	3	8	1	9	6	5	4
8	1	4	7	6	5	2	3	9
1	9	5	2	7	6	4	8	3
4	7	2	9	8	3	5	1	6
3	8	6	1	5	4	7	9	2
9	3	7	6	2	8	1	4	5
2	5	1	4	9	7	3	6	8
6	4	8	5	3	1	9	2	7

114

6	5	9	2	1	7	3	8	4
7	3	4	8	9	6	2	5	1
1	8	2	3	5	4	9	7	6
8	4	7	6	2	1	5	3	9
2	9	5	4	8	3	1	6	7
3	6	1	5	7	9	8	4	2
9	1	3	7	4	8	6	2	5
5	7	8	1	6	2	4	9	3
4	2	6	9	3	5	7	1	8

115

6	5	1	7	3	4	2	8	9
4	2	3	5	8	9	1	6	7
8	7	9	2	6	1	4	3	5
3	8	2	6	5	7	9	4	1
9	1	7	4	2	3	8	5	6
5	4	6	1	9	8	7	2	3
1	3	4	8	7	6	5	9	2
7	9	5	3	4	2	6	1	8
2	6	8	9	1	5	3	7	4

116

1	8	4	2	9	6	3	7	5
9	2	7	4	3	5	6	1	8
3	6	5	1	8	7	4	9	2
2	7	1	3	6	8	9	5	4
8	4	9	5	2	1	7	3	6
5	3	6	9	7	4	8	2	1
4	1	8	7	5	9	2	6	3
6	9	3	8	1	2	5	4	7
7	5	2	6	4	3	1	8	9

117

2	8	1	5	6	9	7	4	3
3	4	9	8	7	1	6	2	5
5	7	6	4	3	2	1	8	9
7	6	3	9	8	5	2	1	4
4	9	2	3	1	7	5	6	8
1	5	8	2	4	6	9	3	7
8	1	7	6	9	3	4	5	2
9	3	5	1	2	4	8	7	6
6	2	4	7	5	8	3	9	1

118

3	6	5	7	2	8	4	1	9
2	9	4	1	5	3	6	8	7
1	8	7	6	4	9	5	2	3
8	5	3	2	7	1	9	4	6
6	4	1	3	9	5	8	7	2
7	2	9	8	6	4	1	3	5
4	3	2	9	1	6	7	5	8
9	1	8	5	3	7	2	6	4
5	7	6	4	8	2	3	9	1

119

1	2	7	5	9	4	6	8	3
6	9	5	3	1	8	4	2	7
4	8	3	2	6	7	9	1	5
5	1	4	9	7	3	8	6	2
3	6	9	4	8	2	5	7	1
8	7	2	1	5	6	3	4	9
9	3	6	8	2	1	7	5	4
7	4	1	6	3	5	2	9	8
2	5	8	7	4	9	1	3	6

120

7	6	5	8	1	3	2	4	9
8	1	2	6	4	9	3	7	5
9	3	4	2	7	5	8	6	1
4	5	6	9	3	1	7	8	2
3	2	7	5	6	8	1	9	4
1	8	9	7	2	4	6	5	3
5	9	1	3	8	7	4	2	6
6	7	3	4	5	2	9	1	8
2	4	8	1	9	6	5	3	7

121

4	9	7	5	6	3	1	2	8
5	6	3	1	8	2	4	9	7
1	2	8	9	7	4	6	5	3
7	3	1	6	9	8	2	4	5
6	5	4	2	1	7	8	3	9
2	8	9	4	3	5	7	6	1
3	1	2	7	4	9	5	8	6
9	4	6	8	5	1	3	7	2
8	7	5	3	2	6	9	1	4

122

1	5	3	8	2	6	4	9	7
7	9	2	3	5	4	1	8	6
8	6	4	9	7	1	3	2	5
4	3	1	7	9	2	5	6	8
6	2	7	5	1	8	9	3	4
9	8	5	4	6	3	7	1	2
5	4	6	1	8	9	2	7	3
3	1	8	2	4	7	6	5	9
2	7	9	6	3	5	8	4	1

123

5	9	3	8	2	1	7	6	4
1	6	8	4	7	3	5	9	2
4	7	2	6	9	5	3	8	1
9	5	7	1	3	2	8	4	6
2	8	4	7	5	6	9	1	3
6	3	1	9	8	4	2	7	5
3	4	9	2	1	7	6	5	8
8	2	6	5	4	9	1	3	7
7	1	5	3	6	8	4	2	9

124

5	3	2	7	8	4	9	6	1
9	6	7	3	2	1	5	4	8
1	8	4	5	9	6	3	7	2
8	7	5	6	1	3	2	9	4
6	2	3	4	7	9	8	1	5
4	1	9	2	5	8	6	3	7
2	5	6	9	4	7	1	8	3
3	4	1	8	6	5	7	2	9
7	9	8	1	3	2	4	5	6

125

7	3	9	8	5	2	1	6	4
2	4	1	6	9	7	3	5	8
5	6	8	3	1	4	9	2	7
4	2	3	9	7	6	5	8	1
6	9	5	1	4	8	2	7	3
8	1	7	5	2	3	6	4	9
1	5	4	7	6	9	8	3	2
9	8	2	4	3	5	7	1	6
3	7	6	2	8	1	4	9	5

126

1	3	8	5	2	7	4	9	6
4	5	7	9	1	6	3	2	8
2	9	6	4	8	3	1	7	5
6	4	1	2	5	8	9	3	7
9	2	5	3	7	4	8	6	1
8	7	3	1	6	9	5	4	2
5	1	9	6	4	2	7	8	3
3	8	2	7	9	1	6	5	4
7	6	4	8	3	5	2	1	9

127

3	7	9	1	2	8	6	5	4
6	2	5	4	3	9	8	7	1
4	1	8	6	5	7	2	3	9
5	9	3	7	1	6	4	8	2
1	6	4	3	8	2	5	9	7
2	8	7	9	4	5	1	6	3
9	4	6	8	7	1	3	2	5
8	3	2	5	9	4	7	1	6
7	5	1	2	6	3	9	4	8

128

1	7	3	5	4	8	9	2	6
2	6	4	9	1	3	8	5	7
8	9	5	2	6	7	3	4	1
9	5	6	8	3	4	1	7	2
7	4	8	1	5	2	6	9	3
3	2	1	6	7	9	5	8	4
4	3	9	7	8	1	2	6	5
6	8	7	3	2	5	4	1	9
5	1	2	4	9	6	7	3	8

129

7	6	2	8	1	5	4	9	3
1	4	9	6	2	3	5	8	7
5	3	8	7	9	4	6	2	1
9	8	7	3	4	6	1	5	2
2	1	3	9	5	7	8	4	6
4	5	6	1	8	2	7	3	9
6	9	4	2	7	8	3	1	5
8	7	1	5	3	9	2	6	4
3	2	5	4	6	1	9	7	8

130

6	1	4	2	5	8	9	3	7
2	8	3	6	7	9	4	1	5
5	9	7	1	4	3	8	2	6
7	4	9	5	8	2	1	6	3
1	5	6	9	3	7	2	8	4
8	3	2	4	1	6	5	7	9
9	6	8	7	2	5	3	4	1
3	7	1	8	9	4	6	5	2
4	2	5	3	6	1	7	9	8

131

1	2	3	6	4	8	9	7	5
7	5	6	2	9	1	3	8	4
9	8	4	7	3	5	1	2	6
3	4	5	9	8	6	7	1	2
6	9	1	3	7	2	5	4	8
8	7	2	1	5	4	6	3	9
4	1	9	5	2	7	8	6	3
5	6	8	4	1	3	2	9	7
2	3	7	8	6	9	4	5	1

132

5	9	2	1	3	7	4	6	8
7	4	1	6	9	8	2	3	5
3	6	8	5	2	4	1	7	9
2	7	9	4	5	3	8	1	6
8	1	3	7	6	9	5	4	2
6	5	4	2	8	1	7	9	3
9	2	7	8	1	6	3	5	4
1	8	6	3	4	5	9	2	7
4	3	5	9	7	2	6	8	1

133

2	1	3	5	8	4	6	9	7
4	7	9	3	2	6	8	1	5
5	6	8	7	9	1	2	3	4
9	2	4	1	6	8	7	5	3
6	8	5	9	7	3	1	4	2
7	3	1	2	4	5	9	8	6
1	9	7	4	5	2	3	6	8
8	5	2	6	3	9	4	7	1
3	4	6	8	1	7	5	2	9

134

5	8	2	4	7	9	3	6	1
4	9	3	1	6	2	8	7	5
6	1	7	8	5	3	4	9	2
3	4	9	5	2	1	6	8	7
1	7	6	9	8	4	2	5	3
2	5	8	7	3	6	1	4	9
7	2	5	6	1	8	9	3	4
9	6	1	3	4	7	5	2	8
8	3	4	2	9	5	7	1	6

135

5	1	2	7	6	3	4	8	9
3	9	6	8	1	4	5	2	7
8	7	4	9	2	5	3	6	1
4	2	7	1	9	8	6	3	5
9	8	3	2	5	6	1	7	4
1	6	5	4	3	7	2	9	8
6	3	8	5	7	1	9	4	2
7	5	9	3	4	2	8	1	6
2	4	1	6	8	9	7	5	3

136

8	1	9	2	7	6	4	3	5
2	3	7	9	5	4	1	6	8
6	5	4	8	1	3	2	9	7
5	2	6	7	8	9	3	4	1
1	7	8	4	3	2	6	5	9
9	4	3	5	6	1	8	7	2
3	6	2	1	9	7	5	8	4
7	8	1	6	4	5	9	2	3
4	9	5	3	2	8	7	1	6

137

9	6	1	5	7	4	3	8	2
3	7	5	2	8	6	4	9	1
4	2	8	1	3	9	5	7	6
1	4	2	9	5	8	7	6	3
7	8	6	3	4	2	9	1	5
5	3	9	7	6	1	8	2	4
8	5	3	6	1	7	2	4	9
2	1	4	8	9	3	6	5	7
6	9	7	4	2	5	1	3	8

138

8	1	3	2	6	4	5	7	9
6	5	4	3	9	7	1	8	2
2	7	9	5	1	8	4	6	3
4	3	1	6	5	9	7	2	8
5	9	2	8	7	1	3	4	6
7	6	8	4	3	2	9	5	1
9	2	7	1	8	5	6	3	4
1	4	6	7	2	3	8	9	5
3	8	5	9	4	6	2	1	7

139

2	3	6	5	1	9	7	8	4
7	8	9	6	4	2	5	3	1
1	5	4	8	7	3	2	9	6
8	9	1	2	3	7	4	6	5
4	7	2	9	6	5	3	1	8
3	6	5	1	8	4	9	2	7
6	4	3	7	2	8	1	5	9
9	2	8	4	5	1	6	7	3
5	1	7	3	9	6	8	4	2

140

6	9	3	4	1	2	8	5	7
2	4	7	5	6	8	9	3	1
8	1	5	9	3	7	6	2	4
9	5	2	6	7	4	1	8	3
1	3	6	8	9	5	7	4	2
4	7	8	3	2	1	5	9	6
7	6	4	2	5	9	3	1	8
3	2	9	1	8	6	4	7	5
5	8	1	7	4	3	2	6	9

141

5	6	3	2	9	7	8	1	4
9	1	4	6	8	5	2	7	3
8	2	7	3	4	1	6	9	5
1	8	6	9	5	3	4	2	7
7	3	5	8	2	4	1	6	9
4	9	2	7	1	6	3	5	8
2	7	1	5	3	8	9	4	6
3	5	9	4	6	2	7	8	1
6	4	8	1	7	9	5	3	2

142

4	3	9	1	6	7	8	2	5
7	2	5	9	3	8	4	1	6
8	6	1	2	4	5	9	7	3
5	1	4	7	9	6	3	8	2
3	9	8	5	2	1	7	6	4
6	7	2	4	8	3	1	5	9
1	8	3	6	5	4	2	9	7
2	4	6	8	7	9	5	3	1
9	5	7	3	1	2	6	4	8

143

4	3	2	9	7	5	6	1	8
7	8	1	6	2	4	9	3	5
6	9	5	1	3	8	4	7	2
2	6	3	4	9	1	5	8	7
1	7	9	8	5	3	2	6	4
8	5	4	2	6	7	3	9	1
5	2	6	7	8	9	1	4	3
3	1	7	5	4	6	8	2	9
9	4	8	3	1	2	7	5	6

144

4	6	1	8	3	5	9	2	7
3	8	7	9	2	4	1	5	6
5	9	2	7	6	1	3	8	4
6	2	9	5	4	8	7	1	3
7	5	8	1	9	3	4	6	2
1	4	3	2	7	6	8	9	5
2	7	6	4	1	9	5	3	8
9	3	5	6	8	7	2	4	1
8	1	4	3	5	2	6	7	9

145

7	3	2	4	6	5	8	1	9
9	8	5	2	7	1	4	6	3
6	4	1	9	8	3	5	7	2
5	9	6	8	2	7	3	4	1
8	2	3	1	5	4	6	9	7
1	7	4	6	3	9	2	5	8
4	5	7	3	1	2	9	8	6
3	1	8	5	9	6	7	2	4
2	6	9	7	4	8	1	3	5

146

7	1	8	4	5	6	2	3	9
4	3	9	1	2	8	5	7	6
5	6	2	3	7	9	4	1	8
3	9	7	6	1	2	8	5	4
2	8	5	9	3	4	7	6	1
6	4	1	7	8	5	9	2	3
9	2	6	5	4	1	3	8	7
1	5	3	8	9	7	6	4	2
8	7	4	2	6	3	1	9	5

147

8	7	3	6	5	4	2	9	1
5	4	9	2	1	3	8	6	7
2	1	6	7	9	8	3	4	5
6	3	2	8	4	5	1	7	9
1	9	5	3	7	6	4	8	2
7	8	4	1	2	9	5	3	6
3	2	1	9	8	7	6	5	4
9	5	8	4	6	2	7	1	3
4	6	7	5	3	1	9	2	8

148

2	5	4	1	9	3	7	6	8
8	3	9	2	7	6	1	5	4
6	1	7	4	8	5	3	9	2
9	2	8	5	1	4	6	3	7
3	6	5	9	2	7	8	4	1
7	4	1	6	3	8	9	2	5
4	9	2	8	6	1	5	7	3
1	7	6	3	5	2	4	8	9
5	8	3	7	4	9	2	1	6

149

3	9	7	8	5	1	2	4	6
6	1	8	9	4	2	5	7	3
5	2	4	6	7	3	1	9	8
8	7	6	4	2	9	3	5	1
1	4	5	3	6	7	9	8	2
9	3	2	5	1	8	4	6	7
7	8	9	2	3	4	6	1	5
2	5	1	7	9	6	8	3	4
4	6	3	1	8	5	7	2	9

150

8	3	7	6	4	2	9	1	5
1	6	9	5	8	3	2	7	4
4	5	2	7	1	9	6	3	8
5	9	4	2	3	8	7	6	1
2	7	3	1	5	6	8	4	9
6	8	1	9	7	4	5	2	3
3	1	5	8	6	7	4	9	2
9	4	6	3	2	5	1	8	7
7	2	8	4	9	1	3	5	6

151

3	4	5	8	6	9	1	7	2
9	6	1	2	4	7	8	3	5
2	8	7	5	1	3	9	6	4
1	5	3	4	9	2	7	8	6
6	9	8	7	5	1	2	4	3
4	7	2	3	8	6	5	9	1
5	2	6	9	3	8	4	1	7
7	3	9	1	2	4	6	5	8
8	1	4	6	7	5	3	2	9

152

1	8	3	7	4	9	2	6	5
7	4	5	3	2	6	8	9	1
9	2	6	8	5	1	7	4	3
8	6	4	9	3	2	1	5	7
5	9	2	1	7	8	6	3	4
3	1	7	5	6	4	9	2	8
6	7	1	4	9	5	3	8	2
4	3	9	2	8	7	5	1	6
2	5	8	6	1	3	4	7	9

153

7	9	1	8	4	3	5	2	6
8	4	2	5	9	6	1	3	7
3	5	6	1	7	2	8	9	4
2	1	3	9	8	4	7	6	5
9	6	8	3	5	7	2	4	1
4	7	5	6	2	1	3	8	9
1	8	9	2	6	5	4	7	3
5	2	7	4	3	9	6	1	8
6	3	4	7	1	8	9	5	2

154

1	6	8	3	9	4	5	7	2
4	5	7	6	2	1	3	8	9
3	9	2	7	8	5	1	6	4
6	2	9	1	7	8	4	5	3
8	4	3	9	5	6	2	1	7
5	7	1	2	4	3	8	9	6
7	1	4	8	6	2	9	3	5
9	8	5	4	3	7	6	2	1
2	3	6	5	1	9	7	4	8

155

9	3	4	1	6	8	7	2	5
1	8	7	2	5	9	3	6	4
2	6	5	3	4	7	1	9	8
6	7	2	5	1	3	8	4	9
8	4	9	6	7	2	5	3	1
5	1	3	8	9	4	6	7	2
7	2	1	4	8	6	9	5	3
3	9	8	7	2	5	4	1	6
4	5	6	9	3	1	2	8	7

156

7	4	9	1	3	2	8	6	5
5	1	6	7	9	8	4	3	2
3	8	2	5	6	4	9	1	7
4	6	7	3	8	5	1	2	9
2	9	3	4	1	7	5	8	6
1	5	8	6	2	9	3	7	4
9	3	4	8	7	6	2	5	1
8	7	5	2	4	1	6	9	3
6	2	1	9	5	3	7	4	8

157

4	6	7	2	8	3	9	1	5
2	8	9	5	1	4	3	6	7
3	5	1	7	9	6	8	2	4
1	7	6	3	4	5	2	9	8
8	9	2	6	7	1	4	5	3
5	4	3	8	2	9	6	7	1
6	1	4	9	5	8	7	3	2
7	3	8	1	6	2	5	4	9
9	2	5	4	3	7	1	8	6

158

1	2	3	8	9	6	5	4	7
9	7	6	5	3	4	2	8	1
4	8	5	7	2	1	9	6	3
6	9	8	1	4	5	7	3	2
2	5	4	3	7	8	6	1	9
3	1	7	2	6	9	8	5	4
8	4	2	9	5	3	1	7	6
5	3	9	6	1	7	4	2	8
7	6	1	4	8	2	3	9	5

159

9	5	6	7	3	4	2	1	8
2	8	4	9	1	6	3	5	7
1	3	7	2	8	5	4	6	9
4	1	9	8	6	2	7	3	5
8	6	3	1	5	7	9	2	4
5	7	2	4	9	3	1	8	6
7	2	1	6	4	8	5	9	3
3	4	8	5	2	9	6	7	1
6	9	5	3	7	1	8	4	2

160

3	2	7	6	5	4	9	8	1
6	9	5	8	3	1	7	4	2
8	4	1	7	2	9	5	3	6
7	1	3	5	6	8	2	9	4
2	5	4	1	9	3	6	7	8
9	6	8	4	7	2	3	1	5
1	3	9	2	8	6	4	5	7
4	7	2	9	1	5	8	6	3
5	8	6	3	4	7	1	2	9

161

1	2	8	6	3	5	4	9	7
9	7	6	4	8	2	1	5	3
3	5	4	1	7	9	2	8	6
8	6	5	2	1	3	9	7	4
2	4	9	8	6	7	3	1	5
7	1	3	5	9	4	8	6	2
4	9	1	3	5	6	7	2	8
5	3	7	9	2	8	6	4	1
6	8	2	7	4	1	5	3	9

162

5	6	1	9	7	3	4	8	2
9	3	2	4	5	8	7	1	6
8	7	4	6	2	1	5	3	9
1	9	6	7	3	5	8	2	4
4	2	3	8	1	6	9	5	7
7	5	8	2	4	9	1	6	3
2	8	9	5	6	7	3	4	1
6	1	5	3	9	4	2	7	8
3	4	7	1	8	2	6	9	5

163

1	3	2	6	5	4	7	9	8
6	9	7	8	2	3	5	1	4
4	5	8	7	9	1	3	2	6
8	1	5	9	7	2	6	4	3
9	7	6	4	3	8	1	5	2
2	4	3	1	6	5	9	8	7
5	8	4	3	1	7	2	6	9
7	6	1	2	4	9	8	3	5
3	2	9	5	8	6	4	7	1

164

7	8	2	9	5	4	3	1	6
9	1	4	6	3	8	2	5	7
6	5	3	7	1	2	9	4	8
2	6	5	4	9	7	1	8	3
1	4	7	5	8	3	6	9	2
8	3	9	2	6	1	5	7	4
3	2	1	8	4	5	7	6	9
5	9	8	3	7	6	4	2	1
4	7	6	1	2	9	8	3	5

165

5	8	2	6	9	3	1	4	7
4	9	1	2	8	7	6	3	5
3	6	7	1	5	4	8	9	2
7	2	8	9	1	5	3	6	4
9	4	6	8	3	2	7	5	1
1	3	5	4	7	6	9	2	8
2	7	3	5	6	1	4	8	9
6	5	9	7	4	8	2	1	3
8	1	4	3	2	9	5	7	6

166

6	5	2	4	8	3	7	1	9
9	3	7	1	2	5	4	8	6
1	4	8	9	7	6	3	5	2
4	6	3	7	9	1	5	2	8
2	8	9	3	5	4	1	6	7
5	7	1	2	6	8	9	3	4
7	1	4	8	3	2	6	9	5
3	2	5	6	4	9	8	7	1
8	9	6	5	1	7	2	4	3

167

8	4	3	6	2	1	9	5	7
6	7	5	4	9	8	3	1	2
2	1	9	5	7	3	8	6	4
7	3	8	2	6	9	1	4	5
4	9	2	1	5	7	6	8	3
1	5	6	3	8	4	2	7	9
5	2	1	9	4	6	7	3	8
3	8	4	7	1	2	5	9	6
9	6	7	8	3	5	4	2	1

168

4	3	8	6	9	1	7	2	5
6	9	2	5	7	3	4	1	8
7	5	1	4	2	8	3	9	6
1	6	7	8	5	9	2	4	3
9	8	3	2	1	4	6	5	7
5	2	4	3	6	7	1	8	9
2	7	5	9	4	6	8	3	1
3	1	9	7	8	2	5	6	4
8	4	6	1	3	5	9	7	2

169

1	6	3	2	9	7	4	5	8
8	2	5	4	3	6	1	7	9
9	4	7	5	8	1	3	6	2
7	9	1	6	4	2	8	3	5
3	5	6	8	7	9	2	4	1
4	8	2	3	1	5	6	9	7
6	7	8	1	5	4	9	2	3
5	1	4	9	2	3	7	8	6
2	3	9	7	6	8	5	1	4

170

6	3	8	7	9	2	4	5	1
9	1	2	5	6	4	7	3	8
5	7	4	8	1	3	2	9	6
4	5	9	2	8	1	3	6	7
8	6	7	3	5	9	1	4	2
1	2	3	6	4	7	9	8	5
7	4	6	1	3	8	5	2	9
3	8	1	9	2	5	6	7	4
2	9	5	4	7	6	8	1	3

171

6	2	7	3	5	8	1	4	9
4	3	9	2	7	1	5	8	6
5	1	8	9	4	6	7	2	3
9	6	5	7	3	2	4	1	8
2	8	4	1	9	5	3	6	7
1	7	3	6	8	4	2	9	5
3	4	6	8	2	7	9	5	1
7	5	1	4	6	9	8	3	2
8	9	2	5	1	3	6	7	4

172

4	6	1	3	9	5	8	7	2
2	7	3	1	8	6	9	5	4
9	5	8	7	2	4	3	6	1
6	8	9	5	4	1	2	3	7
3	1	5	6	7	2	4	8	9
7	2	4	8	3	9	5	1	6
8	4	6	2	1	3	7	9	5
5	3	2	9	6	7	1	4	8
1	9	7	4	5	8	6	2	3

173

6	5	1	2	3	4	9	8	7
4	7	3	9	8	5	1	6	2
8	9	2	7	6	1	3	4	5
5	6	7	3	4	2	8	1	9
2	4	8	1	9	7	6	5	3
3	1	9	6	5	8	2	7	4
1	8	5	4	2	9	7	3	6
9	3	4	8	7	6	5	2	1
7	2	6	5	1	3	4	9	8

174

1	4	8	3	5	9	7	6	2
7	5	3	6	2	4	1	9	8
6	9	2	1	7	8	4	3	5
5	6	7	9	3	2	8	4	1
9	8	1	5	4	7	3	2	6
2	3	4	8	6	1	5	7	9
3	2	9	7	1	5	6	8	4
4	7	5	2	8	6	9	1	3
8	1	6	4	9	3	2	5	7

175

6	8	5	1	2	3	9	4	7
9	3	7	4	5	8	1	2	6
4	2	1	9	7	6	8	3	5
3	4	2	6	9	1	7	5	8
5	1	9	7	8	4	3	6	2
8	7	6	2	3	5	4	1	9
1	6	8	5	4	9	2	7	3
2	9	4	3	6	7	5	8	1
7	5	3	8	1	2	6	9	4

176

8	3	7	9	5	6	1	2	4
5	9	1	3	4	2	7	6	8
4	2	6	8	1	7	3	9	5
9	1	3	4	8	5	2	7	6
6	4	2	7	3	9	5	8	1
7	5	8	2	6	1	4	3	9
2	6	9	1	7	4	8	5	3
1	8	5	6	2	3	9	4	7
3	7	4	5	9	8	6	1	2

177

3	8	6	1	2	5	7	4	9
7	9	2	8	4	6	5	1	3
5	1	4	7	3	9	6	2	8
4	3	9	2	5	8	1	7	6
1	7	8	4	6	3	9	5	2
6	2	5	9	7	1	8	3	4
2	5	7	6	8	4	3	9	1
8	4	1	3	9	7	2	6	5
9	6	3	5	1	2	4	8	7

178

1	8	3	4	7	2	5	9	6
4	7	9	5	6	8	3	2	1
5	2	6	3	1	9	4	7	8
2	6	5	1	9	4	7	8	3
8	3	1	7	2	5	9	6	4
9	4	7	8	3	6	2	1	5
3	9	2	6	5	1	8	4	7
7	1	4	2	8	3	6	5	9
6	5	8	9	4	7	1	3	2

179

8	9	4	6	5	7	1	3	2
1	5	2	9	8	3	6	7	4
7	6	3	4	2	1	5	8	9
3	2	9	5	1	8	4	6	7
6	7	1	3	9	4	8	2	5
5	4	8	7	6	2	3	9	1
2	8	5	1	7	6	9	4	3
4	1	6	2	3	9	7	5	8
9	3	7	8	4	5	2	1	6

180

2	7	6	1	4	9	3	5	8
1	4	3	7	8	5	9	2	6
5	9	8	3	2	6	7	4	1
7	6	9	8	5	2	4	1	3
8	2	1	4	9	3	5	6	7
4	3	5	6	7	1	8	9	2
9	1	2	5	3	7	6	8	4
6	8	7	9	1	4	2	3	5
3	5	4	2	6	8	1	7	9

181

3	1	4	9	2	6	5	7	8
6	7	9	1	8	5	2	3	4
8	2	5	3	4	7	9	1	6
4	6	2	7	5	1	3	8	9
9	5	1	6	3	8	4	2	7
7	3	8	4	9	2	6	5	1
1	4	7	2	6	3	8	9	5
5	9	3	8	7	4	1	6	2
2	8	6	5	1	9	7	4	3

182

1	6	4	2	3	5	9	7	8
3	7	5	4	9	8	1	6	2
8	9	2	7	6	1	3	4	5
4	2	6	9	1	7	5	8	3
7	3	1	8	5	6	2	9	4
9	5	8	3	4	2	7	1	6
2	4	3	6	7	9	8	5	1
5	8	7	1	2	4	6	3	9
6	1	9	5	8	3	4	2	7

183

6	1	9	3	2	8	7	5	4
3	5	8	9	7	4	6	2	1
7	4	2	6	1	5	3	8	9
9	2	6	5	8	3	4	1	7
1	8	4	2	9	7	5	3	6
5	7	3	1	4	6	2	9	8
8	3	1	4	6	2	9	7	5
4	9	5	7	3	1	8	6	2
2	6	7	8	5	9	1	4	3

184

4	8	2	5	6	3	7	1	9
9	3	7	4	8	1	2	6	5
1	5	6	9	2	7	8	3	4
5	1	4	2	7	8	6	9	3
8	6	9	3	4	5	1	7	2
7	2	3	1	9	6	4	5	8
3	4	5	7	1	2	9	8	6
2	7	8	6	5	9	3	4	1
6	9	1	8	3	4	5	2	7

185

8	2	6	5	3	4	7	1	9
7	5	3	6	9	1	4	2	8
9	1	4	2	7	8	6	3	5
1	4	9	3	5	7	8	6	2
3	8	2	1	4	6	5	9	7
6	7	5	9	8	2	1	4	3
4	6	7	8	2	9	3	5	1
5	9	8	4	1	3	2	7	6
2	3	1	7	6	5	9	8	4

186

5	3	8	2	1	9	4	7	6
6	1	2	7	4	8	9	5	3
7	9	4	6	3	5	8	2	1
4	6	5	9	2	3	7	1	8
9	8	3	1	5	7	6	4	2
2	7	1	4	8	6	5	3	9
8	2	7	5	9	1	3	6	4
1	5	9	3	6	4	2	8	7
3	4	6	8	7	2	1	9	5

187

8	1	9	5	2	4	3	6	7
3	4	5	6	7	9	2	8	1
2	6	7	8	3	1	5	4	9
9	5	6	7	1	2	8	3	4
7	3	4	9	8	5	1	2	6
1	2	8	4	6	3	9	7	5
6	7	1	2	9	8	4	5	3
5	9	2	3	4	6	7	1	8
4	8	3	1	5	7	6	9	2

188

3	7	6	9	1	8	4	2	5
2	9	8	5	3	4	7	1	6
4	1	5	7	2	6	9	3	8
7	2	4	3	5	9	6	8	1
8	6	3	1	4	7	5	9	2
1	5	9	6	8	2	3	7	4
5	4	1	8	7	3	2	6	9
6	8	7	2	9	5	1	4	3
9	3	2	4	6	1	8	5	7

189

7	4	2	9	5	6	8	3	1
1	5	3	7	2	8	9	4	6
6	8	9	4	1	3	7	5	2
9	7	1	5	4	2	3	6	8
5	3	4	6	8	9	1	2	7
8	2	6	3	7	1	5	9	4
4	1	8	2	9	5	6	7	3
2	6	5	1	3	7	4	8	9
3	9	7	8	6	4	2	1	5

190

2	5	6	8	7	3	1	9	4
4	3	1	6	2	9	8	7	5
7	8	9	1	4	5	2	6	3
6	7	3	5	1	2	4	8	9
8	2	4	9	3	6	7	5	1
9	1	5	7	8	4	6	3	2
3	6	7	4	5	1	9	2	8
5	4	8	2	9	7	3	1	6
1	9	2	3	6	8	5	4	7

191

8	7	1	2	6	4	3	9	5
3	4	6	9	5	8	1	2	7
9	5	2	7	3	1	4	6	8
2	1	4	5	8	3	9	7	6
5	9	3	6	7	2	8	1	4
7	6	8	1	4	9	5	3	2
1	3	5	4	2	6	7	8	9
4	2	9	8	1	7	6	5	3
6	8	7	3	9	5	2	4	1

192

3	6	7	1	2	9	8	4	5
5	4	2	3	6	8	7	9	1
8	9	1	5	7	4	6	2	3
4	1	6	2	3	5	9	7	8
7	8	3	9	4	1	2	5	6
9	2	5	7	8	6	1	3	4
2	5	9	8	1	3	4	6	7
6	7	8	4	5	2	3	1	9
1	3	4	6	9	7	5	8	2

초판 1쇄 발행 2026년 3월 10일

지은이 다온북스 편집부 엮음
발행인 곽철식

마케팅 박미애
펴낸곳 다온북스
인쇄 영신사

출판등록 2011년 8월 18일 제311-2011-44호
주소 경기도 고양시 덕양구 향동동391 향동dmc플렉스데시앙 ka1504호
전화 02-332-4972 팩스 02-332-4872
전자우편 daonb@naver.com

ISBN 979-11-24392-00-3 12690

• 다온북스는 독자 여러분의 아이디어와 원고 투고를 기다리고 있습니다.
책으로 만들고자 하는 기획이나 원고가 있다면, 언제든 다온북스의 문을 두드려 주세요.